TRANZLATY

השפה מיועדת לכולם

Language is for everyone

בת הים הקטנה

The Little Mermaid

הנס כריסטיאן אנדרסן

Hans Christian Andersen

עִבְרִית / English

Copyright © 2023 Tranzlaty
All rights reserved.
Published by Tranzlaty
ISBN: 978-1-83566-952-5
Original text by Hans Christian Andersen
Den Lille Havfrue
First published in Danish in 1837
www.tranzlaty.com

ארמון מלך הים
The Sea King's Palace

הרחק באוקיינוס, שם המים כחולים
Far out in the ocean, where the water is blue

כאן המים כחולים כמו הקורנפלור היפה ביותר
here the water is as blue as the prettiest cornflower

והמים צלולים כמו הגביש הטהור ביותר
and the water is as clear as the purest crystal

המים האלה, הרחק באוקיינוס, הם מאוד מאוד עמוקים
this water, far out in the ocean is very, very deep

מים כה עמוקים, אכן, שאף כבל לא יכול להגיע לתחתית
water so deep, indeed, that no cable could reach the bottom

אתה יכול להערם צריחי כנסיות רבים זה על זה
you could pile many church steeples upon each other

אבל כל הכנסיות לא יכלו להגיע אל פני המים
but all the churches could not reach the surface of the water

שם שוכנים מלך הים ונתיניו
There dwell the Sea King and his subjects

אתה עשוי לחשוב שזה רק חול צהוב חשוף בתחתית
you might think it is just bare yellow sand at the bottom

אבל אסור לנו לדמיין שאין שם כלום
but we must not imagine that there is nothing there

על החול הזה צומחים הפרחים והצמחים המוזרים ביותר
on this sand grow the strangest flowers and plants

ואתה לא יכול לדמיין כמה גמישים העלים והגבעולים
and you can't imagine how pliant the leaves and stems are

התסיסה הקלה ביותר של המים גורמת לעלים לערבב
the slightest agitation of the water causes the leaves to stir

זה כאילו שלכל עלה היו חיים משלו
it is as if each leaf had a life of its own

דגים, גדולים וקטנים כאחד, גולשים בין הענפים
Fishes, both large and small, glide between the branches

בדיוק כמו כשציפורים עפות בין העצים כאן ביבשה
just like when birds fly among the trees here upon land

בנקודה העמוקה מכולם ניצבת טירה יפהפיה

In the deepest spot of all stands a beautiful castle

הטירה היפה הזו היא הטירה של מלך הים

this beautiful castle is the castle of the Sea King

חומות הטירה בנויות מאלמוגים

the walls of the castle are built of coral

והחלונות הגותיים הארוכים הם מהענבר הבהיר ביותר

and the long Gothic windows are of the clearest amber

גג הטירה מורכב מקונכיות ים

The roof of the castle is formed of sea shells

והקונכיות נפתחות ונסגרות כשהמים זורמים עליהן

and the shells open and close as the water flows over them

המראה שלהם יפה יותר ממה שאפשר לתאר

Their appearance is more beautiful than can be described

בתוך כל קליפה מסתתרת פנינה נוצצת

within each shell there lies a glittering pearl

וכל פנינה תהיה מתאימה לעטיפה של מלכה

and each pearl would be fit for the diadem of a queen

מלך הים היה אלמן במשך שנים רבות

The Sea King had been a widower for many years

ואמו הזקנה שמרה לו על משק הבית

and his aged mother looked after the household for him

היא הייתה אישה מאוד הגיונית

She was a very sensible woman

אבל היא הייתה גאה מאוד בלידתה המלכותית

but she was exceedingly proud of her royal birth

ומטעם זה לבשה שתים עשרה צדפות על זנבה

and on that account she wore twelve oysters on her tail

אחרים בדרגה גבוהה הורשו לענוד רק שש צדפות

others of high rank were only allowed to wear six oysters

עם זאת, היא הייתה ראויה לשבחים גדולים מאוד

She was, however, deserving of very great praise

היה משהו שהיא ראויה לשבחים עליו במיוחד

there was something she especially deserved praise for

היא טיפלה מאוד בנסיכות הים הקטנות

she took great care of the little sea princesses

היו לה שש נכדות שהיא אהבה

she had six granddaughters that she loved

כל נסיכות הים היו ילדים יפים
all the sea princesses were beautiful children
אבל נסיכת הים הצעירה ביותר הייתה היפה מביניהם
but the youngest sea princess was the prettiest of them
עורה היה צלול ועדין כמו עלה ורדים
Her skin was as clear and delicate as a rose leaf
ועיניה היו כחולות כמו הים העמוק ביותר
and her eyes were as blue as the deepest sea
אבל, כמו לכל האחרים, לא היו לה רגליים
but, like all the others, she had no feet
ובקצה גופה היה זנב של דג
and at the end of her body was a fish's tail

כל היום הם שיחקו באולמות הגדולים של הטירה
All day long they played in the great halls of the castle
מתוך קירות הטירה צמחו פרחים יפים
out of the walls of the castle grew beautiful flowers
והיא אהבה לשחק בין הפרחים החיים
and she loved to play among the living flowers

חלונות הענבר הגדולים היו פתוחים, והדגים שחו פנימה
The large amber windows were open, and the fish swam in
זה בדיוק כמו כשאנחנו משאירים את החלונות פתוחים
it is just like when we leave the windows open
ואז הסנוניות היפות עפות לתוך הבתים שלנו
and then the pretty swallows fly into our houses
רק הדגים שחו עד הנסיכות
only the fishes swam up to the princesses
הם היו היחידים שאכלו מהידיים שלה
they were the only ones that ate out of her hands
והם הרשו לעצמם ללטף אותה
and they allowed themselves to be stroked by her

מחוץ לטירה היה גן יפהפה
Outside the castle there was a beautiful garden
בגן צמחו פרחים אדומים עזים וכחולים כהים
in the garden grew bright-red and dark-blue flowers
וצמחו שם פרחים כמו להבות אש
and there grew blossoms like flames of fire

הפירות על הצמחים נצצו כמו זהב
the fruit on the plants glittered like gold
והעלים והגבעולים התנופפו ללא הרף הלוך ושוב
and the leaves and stems continually waved to and fro
האדמה על הקרקע הייתה החול העדין ביותר
The earth on the ground was the finest sand
אבל לחול הזה אין את הצבע של החול המוכר לנו
but this sand does not have the colour of the sand we know
החול הזה כחול כמו להבת הגופרית הבוערת
this sand is as blue as the flame of burning sulphur
מעל הכל השתרע זוהר כחול מוזר
Over everything lay a peculiar blue radiance
זה כאילו השמים הכחולים היו בכל מקום
it is as if the blue sky were everywhere
הכחול של השמים היה מעל ומתחת
the blue of the sky was above and below
במזג אוויר רגוע ניתן היה לראות את השמש
In calm weather the sun could be seen
מכאן השמש נראתה כמו פרח סגול-אדמדם
from here the sun looked like a reddish-purple flower
והאור זרם מגביע הפרח
and the light streamed from the calyx of the flower

גן הארמון היה מחולק לכמה חלקים
the palace garden was divided into several parts
לכל אחת מהנסיכות הייתה חלקת אדמה קטנה משלה
Each of the princesses had their own little plot of ground
על החלקה הזו הם יכלו לשתול כל פרחים שירצו
on this plot they could plant whatever flowers they pleased
נסיכה אחת סידרה את ערוגת הפרחים שלה בצורה של לוויתן
one princess arranged her flower bed in the form of a whale
נסיכה אחת סידרה את הפרחים שלה כמו בתולת ים קטנה
one princess arranged her flowers like a little mermaid
והילד הקטן עשה את גינה עגולה, כמו השמש
and the youngest child made her garden round, like the sun
ובגינה שלה צמחו פרחים אדומים ויפים
and in her garden grew beautiful red flowers
הפרחים האלה היו אדומים כמו קרני השקיעה

these flowers were as red as the rays of the sunset

היא הייתה ילדה מוזרה; שקט ומתחשב
She was a strange child; quiet and thoughtful
אחיותיה גילו הנאה מהדברים הנפלאים
her sisters showed delight at the wonderful things
הדברים שהם השיגו מהריסות הכלים
the things they obtained from the wrecks of vessels
אבל היא דאגה רק לפרחים האדומים היפים שלה
but she cared only for her pretty red flowers
למרות שהיה גם פסל שיש יפהפה
although there was also a beautiful marble statue
הפסל היה ייצוג של ילד נאה
the statue was the representation of a handsome boy
הילד נחצב מאבן לבנה טהורה
the boy had been carved out of pure white stone
והפסל נפל לקרקעית הים מהריסה
and the statue had fallen to the bottom of the sea from a wreck
גם על פסל השיש הזה של ילד שאכפת לה
for this marble statue of a boy she cared about too

היא שתלה, ליד הפסל, ערבה בוכייה בצבע ורדרד
She planted, by the statue, a rose-colored weeping willow
ועד מהרה תלתה הערבה הבוכייה את ענפיה הטריים מעל הפסל
and soon the weeping willow hung its fresh branches over the statue
הענפים כמעט הגיעו עד החולות הכחולים
the branches almost reached down to the blue sands
לצללי העץ היה צבע סגול
The shadows of the tree had the color of violet
והצללים התנופפו הלוך ושוב כמו הענפים
and the shadows waved to and fro like the branches
כל זה יצר את האשליה המעניינת ביותר
all of this created the most interesting illusion
זה היה כאילו כתר העץ והשורשים משחקים
it was as if the crown of the tree and the roots were playing
זה נראה כאילו הם מנסים לנשק אחד את השני
it looked as if they were trying to kiss each other

ההנאה הגדולה ביותר שלה הייתה לשמוע על העולם למעלה

her greatest pleasure was hearing about the world above

העולם שמעל לים העמוק שהיא חיה בו

the world above the deep sea she lived in

היא גרמה לסבתה הזקנה לספר לה הכל על העולם העליון

She made her old grandmother tell her all about the upper world

הספינות והעיירות ,האנשים והחיות

the ships and the towns, the people and the animals

שם למעלה היה לפרחי הארץ ניחוח

up there the flowers of the land had fragrance

לפרחים מתחת לים לא היה ניחוח

the flowers below the sea had no fragrance

שם למעלה היו עצי היער ירוקים

up there the trees of the forest were green

והדגים על העצים יכלו לשיר יפה

and the fishes in the trees could sing beautifully

שם למעלה היה תענוג להקשיב לדגים

up there it was a pleasure to listen to the fish

סבתה קראה לציפורים דגים

her grandmother called the birds fishes

אחרת בת הים הקטנה לא הייתה מבינה

else the little mermaid would not have understood

כי בת הים הקטנה מעולם לא ראתה ציפורים

because the little mermaid had never seen birds

סבתה סיפרה לה על הטקסים של בתולות הים

her grandmother told her about the rites of mermaids

"יום אחד תגיע לשנתך החמש עשרה"

"one day you will reach your fifteenth year"

"אז תהיה לך רשות לעלות על פני השטח"

"then you will have permission to go to the surface"

"תוכל לשבת על הסלעים לאור הירח"

"you will be able to sit on the rocks in the moonlight"

"ותראה את הספינות הגדולות חולפות על פני"

"and you will see the great ships go sailing by"

"אז תראה יערות ועיירות ואת האנשים"
"Then you will see forests and towns and the people"

בשנה שלאחר מכן אחת האחיות הייתה בת חמש עשרה
the following year one of the sisters was going to be fifteen
אבל כל אחות הייתה צעירה מהאחרת בשנה
but each sister was a year younger than the other
האחות הצעירה תצטרך לחכות חמש שנים לפני תורה
the youngest sister was going to have to wait five years before her turn
רק אז היא יכלה להתרומם מקרקעית האוקיינוס
only then could she rise up from the bottom of the ocean
ורק אז היא יכלה לראות את כדור הארץ כמונו
and only then could she see the earth as we do
עם זאת, כל אחת מהאחיות הבטיחה זו לזו
However, each of the sisters made each other a promise
הם התכוונו לספר לאחרים מה הם ראו
they were going to tell the others what they had seen
סבתם לא יכלה לומר להם מספיק
Their grandmother could not tell them enough
היו כל כך הרבה דברים שהם רצו לדעת עליהם
there were so many things they wanted to know about

האחות הצעירה הכי כמהה לתורה
the youngest sister longed for her turn the most
אבל, היא נאלצה לחכות יותר מכל האחרים
but, she had to wait longer than all the others
והיא הייתה כל כך שקטה ומהורהרת לגבי העולם
and she was so quiet and thoughtful about the world
היו לילות רבים שבהם היא עמדה ליד החלון הפתוח
there were many nights where she stood by the open window
והיא הרימה את מבטה דרך המים הכחולים הכהים
and she looked up through the dark blue water
והיא התבוננה בדגים כשהם מתיזים עם סנפיריהם
and she watched the fish as they splashed with their fins
היא יכלה לראות את הירח והכוכבים זורחים קלות
She could see the moon and stars shining faintly
אבל מעומק מתחת למים הדברים האלה נראים אחרת

but from deep below the water these things look different
הירח והכוכבים נראו בעינינו גדולים יותר ממה שהם נראים
the moon and stars looked larger than they do to our eyes
לפעמים, משהו כמו ענן שחור חלף על פניו
sometimes, something like a black cloud went past
היא ידעה שזה יכול להיות לויתן ששוחה מעל ראשה
she knew that it could be a whale swimming over her head
או שזו יכולה להיות ספינה, מלאה בבני אדם
or it could be a ship, full of human beings
בני אדם שלא יכלו לדמיין מה יש תחתיהם
human beings who couldn't imagine what was under them
בת ים קטנה ויפה מושיטה את ידיה הלבנות
a pretty little mermaid holding out her white hands
בתולת ים קטנה ויפה מגיעה לכיוון הספינה שלהם
a pretty little mermaid reaching towards their ship

האחיות של בת הים הקטנה
The Little Mermaid's Sisters

הגיע היום שבו לבת הים הבכורה היה יום הולדת חמש עשרה
The day came when the eldest mermaid had her fifteenth birthday

כעת הורשה לה לעלות אל פני האוקיינוס
now she was allowed to rise to the surface of the ocean

ובאותו לילה היא שחתה אל פני השטח
and that night she swum up to the surface

אתה יכול לדמיין את כל הדברים שהיא ראתה שם למעלה
you can imagine all the things she saw up there

ואתה יכול לדמיין את כל הדברים שהיא הייתה צריכה לדבר עליהם
and you can imagine all the things she had to talk about

אבל הדבר הטוב ביותר, אמרה, היה לשכב על גדת חול
But the finest thing, she said, was to lie on a sand bank

בים השקט מואר ירח, ליד החוף
in the quiet moonlit sea, near the shore

משם היא הביטה באורות על האדמה
from there she had gazed at the lights on the land

הם היו האורות של העיר הקרובה
they were the lights of the near-by town

האורות נצצו כמו מאות כוכבים
the lights had twinkled like hundreds of stars

היא הקשיבה לצלילי המוזיקה מהעיר
she had listened to the sounds of music from the town

היא שמעה רעש של כרכרות רתומות לסוסיהם
she had heard noise of carriages drawn by their horses

והיא שמעה קולות של בני אדם
and she had heard the voices of human beings

ושמעו צלצול עליז של הפעמונים
and the had heard merry pealing of the bells

הפעמונים מצלצלים בצריחי הכנסייה
the bells ringing in the church steeples

אבל היא לא יכלה להתקרב לכל הדברים הנפלאים האלה
but she could not go near all these wonderful things

אז היא השתוקקה לדברים הנפלאים האלה על אחת כמה וכמה

so she longed for these wonderful things all the more

אתה יכול לתאר לעצמך באיזו התלהבות האחות הצעירה הקשיבה
you can imagine how eagerly the youngest sister listened

התיאורים של העולם העליון היו כמו חלום
the descriptions of the upper world were like a dream

אחר כך עמדה ליד החלון הפתוח של חדרה
afterwards she stood at the open window of her room

והיא הביטה אל פני השטח, מבעד למים הכחולים-כהים
and she looked to the surface, through the dark-blue water

היא חשבה על העיר הגדולה שאחותה סיפרה לה
she thought of the great city her sister had told her of

העיר הגדולה עם כל ההמולה והרעש שלה
the great city with all its bustle and noise

היא אפילו דמיינה שהיא יכולה לשמוע את קול הפעמונים
she even fancied she could hear the sound of the bells

היא דמיינה את קול הפעמונים הנישאים למעמקי הים
she imagined the sound of the bells carried to the depths of the sea

אחרי שנה נוספת לאחות השנייה היה יום הולדת
after another year the second sister had her birthday

גם היא קיבלה אישור לשחות אל פני השטח
she too received permission to swim up to the surface

ומשם היא יכלה לשחות היכן שבא לה
and from there she could swim about where she pleased

היא עלתה אל פני השטח בדיוק כשהשמש שוקעת
She had gone to the surface just as the sun was setting

זה, אמרה, היה המראה היפה מכולם
this, she said, was the most beautiful sight of all

כל השמים נראו כמו דיסק של זהב טהור
The whole sky looked like a disk of pure gold

והיו עננים סגולים ורודים
and there were violet and rose-colored clouds

הם היו יפים מכדי לתאר, אמרה
they were too beautiful to describe, she said

והיא אמרה איך העננים נסחפו על פני השמים

and she said how the clouds drifted across the sky
ומשהו עבר מהר יותר מהעננים
and something had flown by more swiftly than the clouds
להקה גדולה של ברבורי בר עפה לעבר השמש השוקעת
a large flock of wild swans flew toward the setting sun
הברבורים היו כמו צעיף לבן ארוך על פני הים
the swans had been like a long white veil across the sea
היא גם ניסתה לשחות לכיוון השמש
She had also tried to swim towards the sun
אבל במרחק מה שקעה השמש בגלים
but some distance away the sun sank into the waves
היא ראתה איך הגוונים הוורודים נמוגים מהעננים
she saw how the rosy tints faded from the clouds
והיא ראתה איך גם הצבע דהה מהים
and she saw how the colour had also faded from the sea

בשנה שלאחר מכן הגיע תורה של האחות השלישית
the next year it was the third sister's turn
האחות הזו הייתה הנועזת מכל האחיות
this sister was the most daring of all the sisters
היא שחתה במעלה נהר רחב שנשפך לים
she swam up a broad river that emptied into the sea
על גדות הנהר ראתה גבעות ירוקות
On the banks of the river she saw green hills
הגבעות הירוקות היו מכוסות בגפנים יפות
the green hills were covered with beautiful vines
ועל הגבעות היו יערות עצים
and on the hills there were forests of trees
ומתוך היערות יצאו ארמונות וטירות
and out of the forests palaces and castles poked out
היא שמעה ציפורים שרות על העצים
She had heard birds singing in the trees
והיא הרגישה את קרני השמש על עורה
and she had felt the rays of the sun on her skin
הקרניים היו כל כך חזקות שהיא נאלצה לצלול לאחור
the rays were so strong that she had to dive back
והיא ציננה את פניה הבוערות במים הקרירים
and she cooled her burning face in the cool water
בנחל צר היא מצאה קבוצה של ילדים קטנים

In a narrow creek she found a group of little children
הם היו ילדי האדם הראשונים שראתה אי פעם
they were the first human children she had ever seen
היא רצתה לשחק גם עם הילדים
She wanted to play with the children too
אבל הילדים ברחו ממנה בבהלה גדולה
but the children fled from her in a great fright
ואז חיה שחורה קטנה הגיעה למים
and then a little black animal came to the water
זה היה כלב, אבל היא לא ידעה שזה כלב
it was a dog, but she did not know it was a dog
כי היא מעולם לא ראתה כלב לפני כן
because she had never seen a dog before
והכלב נבח על בת הים בזעם
and the dog barked at the mermaid furiously
היא נבהלה ומיהרה חזרה לים הפתוח
she became frightened and rushed back to the open sea
אבל היא אמרה שלעולם לא תשכח את היער היפה
But she said she should never forget the beautiful forest
הגבעות הירוקות והילדים היפים
the green hills and the pretty children
היא מצאה שזה מצחיק במיוחד איך הם שחו
she found it exceptionally funny how they swam
כי לילדי האדם הקטנים לא היו זנבות
because the little human children didn't have tails
אז עם רגליהם הקטנות הם בעטו במים
so with their little legs they kicked the water

האחות הרביעית הייתה ביישנית יותר מהקודמת
The fourth sister was more timid than the last
היא החליטה להישאר בלב הים
She had decided to stay in the midst of the sea
אבל היא אמרה שיפה שם כמו קרוב יותר לארץ
but she said it was as beautiful there as nearer the land
מפני השטח היא יכלה לראות קילומטרים רבים סביבה
from the surface she could see many miles around her
השמים מעליה נראו כמו פעמון זכוכית
the sky above her looked like a bell of glass

והיא ראתה את הספינות מפליגות
and she had seen the ships sail by

אבל הספינות היו במרחק גדול מאוד ממנה
but the ships were at a very great distance from her

ובמפרשיהם, הספינות נראו כמו שחפי ים
and, with their sails, the ships looked like sea gulls

היא ראתה איך הדולפינים משחקים בגלים
she saw how the dolphins played in the waves

ולווייתנים גדולים זרקו מים מנחיריהם
and great whales spouted water from their nostrils

כמו מאה מזרקות שכולן משחקות יחד
like a hundred fountains all playing together

יום הולדתה של האחות החמישית חל בחורף
The fifth sister's birthday occurred in the winter

אז היא ראתה דברים שהאחרים לא ראו
so she saw things that the others had not seen

בתקופה זו של השנה הים נראה ירוק
at this time of the year the sea looked green

קרחונים גדולים צפו על המים הירוקים
large icebergs were floating on the green water

וכל קרחון נראה כמו פנינה, אמרה
and each iceberg looked like a pearl, she said

אבל הן היו גדולות ונעלות יותר מהכנסיות
but they were larger and loftier than the churches

והם היו מהצורות המעניינות ביותר
and they were of the most interesting shapes

וכל קרחון נוצץ כמו יהלומים
and each iceberg glittered like diamonds

היא התיישבה על אחד מהקרחונים
She had seated herself on one of the icebergs

והיא הניחה לרוח לשחק בשערה הארוך
and she let the wind play with her long hair

היא הבחינה במשהו מעניין בספינות
She noticed something interesting about the ships

כל הספינות חלפו על פני הרי הקרח במהירות רבה
all the ships sailed past the icebergs very rapidly

והם הסתובבו הרחק ככל יכולתם

and they steered away as far as they could
זה היה כאילו הם מפחדים מהקרחון
it was as if they were afraid of the iceberg
היא נשארה בים עד הערב
she stayed out at sea into the evening
השמש שקעה ועננים כהים כיסו את השמים
the sun went down and dark clouds covered the sky
הרעם התגלגל על פני אוקיינוס הקרחונים
the thunder rolled across the ocean of icebergs
והבזקי הברק האירו באדום על הרי הקרח
and the flashes of lightning glowed red on the icebergs
והרי הקרח הוטלו על ידי הים הגועש
and the icebergs were tossed about by the heaving sea
המפרשים של כל הספינות רעדו מפחד
the sails of all the ships were trembling with fear
ובת הים ישבה בשלווה על הקרחון הצף
and the mermaid sat calmly on the floating iceberg
והיא ראתה את הברק מכה בים
and she watched the lightning strike into the sea

כל חמש אחיותיה הגדולות גדלו עכשיו
All of her five older sisters had grown up now
לכן הם יכלו לעלות אל פני השטח כאשר ירצו
therefore they could go to the surface when they pleased
בהתחלה הם היו מרוצים מהעולם פני השטח
at first they were delighted with the surface world
הם לא יכלו לקבל מספיק מהמראות החדשים והיפים
they couldn't get enough of the new and beautiful sights
אבל בסופו של דבר כולם נעשו אדישים כלפי העולם העליון
but eventually they all grew indifferent towards the upper world
ואחרי חודש הם כבר לא ביקרו הרבה בעולם פני השטח
and after a month they didn't visit the surface world much at all anymore
הם אמרו לאחותם שבבית הרבה יותר יפה
they told their sister it was much more beautiful at home

אולם לעתים קרובות, בשעות הערב, הם אכן עלו

Yet often, in the evening hours, they did go up
חמש האחיות כרכו את זרועותיהן זו סביב זו
the five sisters twined their arms round each other
ויחד, זרוע בזרוע, הם עלו אל פני השטח
and together, arm in arm, they rose to the surface
לעתים קרובות הם עלו כאשר סערה מתקרבת
often they went up when there was a storm approaching
הם חששו שהסערה עלולה לזכות בספינה
they feared that the storm might win a ship
אז הם שחו אל הכלי ושרו למלחים
so they swam to the vessel and sung to the sailors
הקולות שלהם היו מקסימים יותר מזה של כל אדם
Their voices were more charming than that of any human
והם התחננו בפני הנוסעים שלא יפחדו אם ישקעו
and they begged the voyagers not to fear if they sank
כי מעמקי הים היו מלאים תענוגות
because the depths of the sea was full of delights
אבל המלחים לא הצליחו להבין את שיריהם
But the sailors could not understand their songs
והם חשבו ששירתם היא אנחת הסערה
and they thought their singing was the sighing of the storm
לכן השירים שלהם מעולם לא היו יפים בעיני המלחים
therefore their songs were never beautiful to the sailors
כי אם הספינה תטבע האנשים היו טובעים
because if the ship sank the men would drown
המתים לא הרוויחו דבר מארמון מלך הים
the dead gained nothing from the palace of the Sea King
אבל אחותם הצעירה נותרה בקרקעית הים
but their youngest sister was left at the bottom of the sea
כשהיא מסתכלת עליהם, היא הייתה מוכנה לבכות
looking up at them, she was ready to cry
אתה צריך לדעת לבת ים אין דמעות שהן יכולות לבכות
you should know mermaids have no tears that they can cry
אז הכאב והסבל שלה היו חריפים יותר משלנו
so her pain and suffering was more acute than ours
"הו, הלוואי והייתי גם בן חמש עשרה!" אמרה היא
"Oh, I wish I was also fifteen years old!" said she

"אני יודע שאאהב את העולם שם למעלה"
"I know that I shall love the world up there"
"ואני אוהב את כל האנשים שחיים בעולם הזה"
"and I shall love all the people who live in that world"

יום הולדתה של בת הים הקטנה
The Little Mermaid's Birthday

אבל לבסוף הגיעה גם היא ליום הולדתה החמש עשרה
but, at last, she too reached her fifteenth birthday

"טוב, עכשיו אתה מבוגר", אמרה סבתה
"Well, now you are grown up," said her grandmother

"בואי ותני לי לעטר אותך כמו אחיותיך"
"Come, and let me adorn you like your sisters"

והיא הניחה זר של חבצלות לבנות בשערה
And she placed a wreath of white lilies in her hair

כל עלה כותרת של החבצלות היה חצי פנינה
every petal of the lilies was half a pearl

ואז, הזקנה הורתה לבוא שמונה צדפות נהדרות
Then, the old lady ordered eight great oysters to come

הצדפות התחברו לזנבה של הנסיכה
the oysters attached themselves to the tail of the princess

צדפות מתחת לים משמשות כדי להראות את הדרגה שלך
under the sea oysters are used to show your rank

"אבל הצדפות כל כך פגעו בי", אמרה בת הים הקטנה
"But the oysters hurt me so," said the little mermaid

"כן, אני יודעת שצדפות כואבות", ענתה הגברת הזקנה
"Yes, I know oysters hurt," replied the old lady

"אבל אתה יודע היטב שגאווה חייבת לסבול כאב"
"but you know very well that pride must suffer pain"

כמה בשמחה הייתה מתנערת מכל ההוד הזה
how gladly she would have shaken off all this grandeur

היא הייתה אוהבת להניח בצד את הזר הכבד!
she would have loved to lay aside the heavy wreath!

היא חשבה על הפרחים האדומים בגינה שלה
she thought of the red flowers in her own garden

הפרחים האדומים היו מתאימים לה הרבה יותר
the red flowers would have suited her much better

אבל היא לא יכלה לשנות את עצמה למשהו אחר
But she could not change herself into something else

אז היא נפרדה מסבתה ואחיותיה

so she said farewell to her grandmother and sisters

ובקלילות כמו בועה, היא עלתה אל פני השטח

and, as lightly as a bubble, she rose to the surface

השמש בדיוק שקעה כשהיא הרימה את ראשה מעל הגלים

The sun had just set when she raised her head above the waves

העננים נצבעו בארגמן וזהב מהשקיעה

The clouds were tinted with crimson and gold from the sunset

ומבעד לדמדומים הנוצצים קרן כוכב הערב

and through the glimmering twilight beamed the evening star

הים היה רגוע, ואוויר הים היה עדין ורענן

The sea was calm, and the sea air was mild and fresh

ספינה גדולה עם שלושה תרנים שכבה בשלווה על המים

A large ship with three masts lay lay calmly on the water

רק מפרש אחד הוצב, כי אף משב רוח לא התעורר

only one sail was set, for not a breeze stirred

והמלחים ישבו בחוסר מעש על הסיפון, או בתוך הציוד

and the sailors sat idle on deck, or amidst the rigging

היו מוזיקה ושירים על סיפון הספינה

There was music and songs on board of the ship

כשהחשיכה באה מאה פנסים צבעוניים

as darkness came a hundred colored lanterns were lighted

זה היה כאילו דגלי כל העמים התנופפו באוויר

it was as if the flags of all nations waved in the air

בת הים הקטנה שחתה קרוב לחלונות הבקתה

The little mermaid swam close to the cabin windows

מדי פעם הרימו אותה גלי הים

now and then the waves of the sea lifted her up

היא יכלה להביט פנימה מבעד לחלונות הזכוכית

she could look in through the glass window-panes

והיא יכלה לראות מספר אנשים לבושים בסקרנות

and she could see a number of curiously dressed people

בין האנשים שהיא יכלה לראות היה נסיך צעיר

Among the people she could see there was a young prince

הנסיך היה היפה מכולם

the prince was the most beautiful of them all
היא מעולם לא ראתה מישהו עם עיניים כל כך יפות
she had never seen anyone with such beautiful eyes
זו הייתה חגיגת יום הולדתו השש עשר
it was the celebration of his sixteenth birthday
המלחים רקדו על סיפון הספינה
The sailors were dancing on the deck of the ship
כולם הריעו כשהנסיך יצא מהתא
all cheered when the prince came out of the cabin
ויותר ממאה רקטות עלו לאוויר
and more than a hundred rockets rose into the air
במשך זמן מה הזיקוקים הפכו את השמים לבהירים כמו היום
for some time the fireworks made the sky as bright as day
כמובן שבתולת הים הצעירה שלנו מעולם לא ראתה זיקוקים לפני כן
of course our young mermaid had never seen fireworks before
נבהלתי מכל הרעש, היא חזרה מתחת למים
startled by all the noise, she went back under the water
אבל עד מהרה היא שוב פרשה את ראשה
but soon she again stretched out her head
זה היה כאילו כל כוכבי השמים נופלים סביבה
it was as if all the stars of heaven were falling around her
גחליליות נהדרות עפו לאוויר הכחול
splendid fireflies flew up into the blue air
והכל השתקף בים הצלול והשקט
and everything was reflected in the clear, calm sea
הספינה עצמה הייתה מוארת בכל האור
The ship itself was brightly illuminated by all the light
היא יכלה לראות את כל האנשים ואפילו את החבל הקטן ביותר
she could see all the people and even the smallest rope
כמה נאה נראה הנסיך הצעיר מודה לאורחיו!
How handsome the young prince looked thanking his guests!
והמוזיקה הדהדה באוויר הלילה הצלול!
and the music resounded through the clear night air!

חגיגות יום ההולדת נמשכו עד מאוחר בלילה
the birthday celebrations lasted late into the night
אבל בת הים הקטנה לא יכלה לקחת את עיניה מהספינה

but the little mermaid could not take her eyes from the ship
היא גם לא יכלה לקחת את עיניה מהנסיך היפה
nor could she take her eyes from the beautiful prince
הפנסים הצבעוניים כבו כעת
The colored lanterns had now been extinguished
ולא היו עוד רקטות שעלו לאוויר
and there were no more rockets that rose into the air
גם התותח של הספינה הפסיק לירות
the cannon of the ship had also ceased firing
אבל עכשיו היה זה הים שהפך לחסר מנוחה
but now it was the sea that became restless
קול נאנק ורוטן נשמע מתחת לגלים
a moaning, grumbling sound could be heard beneath the waves
ובכל זאת, בת הים הקטנה נשארה ליד חלון הבקתה
and yet, the little mermaid remained by the cabin window
היא התנדנדה מעלה ומטה על המים
she was rocking up and down on the water
כדי שהיא תוכל להמשיך להסתכל לתוך הספינה
so that she could keep looking into the ship
לאחר זמן מה המפרשים הוטחו במהירות
After a while the sails were quickly set
והאונייה הלכה בדרכה חזרה לנמל
and the ship went on her way back to port

אבל עד מהרה הגלים עלו יותר ויותר
But soon the waves rose higher and higher
עננים כהים וכבדים החשיכו את שמי הלילה
dark, heavy clouds darkened the night sky
והופיעו הבזקים של ברק מרחוק
and there appeared flashes of lightning in the distance
לא רחוק משם התקרבה סערה איומה
not far away a dreadful storm was approaching
פעם נוספת הורדו המפרשים נגד הרוח
Once more the sails were lowered against the wind
והספינה הגדולה המשיכה את דרכה מעל הים הגועש
and the great ship pursued her course over the raging sea
הגלים עלו גבוה כמו ההרים

The waves rose as high as the mountains
אפשר היה לחשוב שהגלים הולכים לקבל את הספינה
one would have thought the waves were going to have the ship
אבל הספינה צללה כמו ברבור בין הגלים
but the ship dived like a swan between the waves
ואז היא התרוממה שוב על פסגותיהם הגבוהות והקצף
then she rose again on their lofty, foaming crests
לבת הים הקטנה זה היה נעים לצפייה
To the little mermaid this was pleasant to watch
אבל זה לא היה נעים למלחים
but it was not pleasant for the sailors
הספינה השמיעה קולות גניחה וחריקה איומים
the ship made awful groaning and creaking sounds
והגלים פרצו מעל סיפון הספינה שוב ושוב
and the waves broke over the deck of the ship again and again
הקרשים העבים פינו את מקומם מתחת לקשירת הים
the thick planks gave way under the lashing of the sea
תחת הלחץ התנתק התורן הראשי, כמו קנה
under the pressure the mainmast snapped asunder, like a reed
וכשהספינה שכבה על צדה, המים זרמו פנימה
and, as the ship lay over on her side, the water rushed in

בת הים הקטנה הבינה שהצוות בסכנה
The little mermaid realized that the crew were in danger
גם מצבה שלה לא היה ללא סכנה
her own situation wasn't without danger either
היא נאלצה להימנע מהקורות והקרשים הפזורים במים
she had to avoid the beams and planks scattered in the water
לרגע הכל הפך לחושך מוחלט
for a moment everything turned into complete darkness
ובת הים הקטנה לא יכלה לראות היכן היא נמצאת
and the little mermaid could not see where she was
אבל אז הבזק של ברק חשף את כל הסצנה
but then a flash of lightning revealed the whole scene
היא יכלה לראות שכולם עדיין על סיפון הספינה
she could see everyone was still on board of the ship
ובכן, כולם היו על סיפון הספינה, מלבד הנסיך

well, everyone was on board of the ship, except the prince
הספינה המשיכה בדרכה אל היבשה
the ship continued on its path to the land
והיא ראתה את הנסיך שוקע בגלים העמוקים
and she saw the prince sink into the deep waves
לרגע זה שימח אותה יותר ממה שהיה צריך
for a moment this made her happier than it should have
עכשיו כשהוא בים היא יכולה להיות איתו
now that he was in the sea she could be with him
ואז היא נזכרה בגבולות של בני אדם
Then she remembered the limits of human beings
בני הארץ אינם יכולים לחיות במים
the people of the land cannot live in the water
אם הוא יגיע לארמון הוא כבר היה מת
if he got to the palace he would already be dead
"לא, אסור לו למות!" היא החליטה
"No, he must not die!" she decided
היא שוכחת כל דאגה לביטחונה שלה
she forget any concern for her own safety
והיא שחתה דרך הקורות והקרשים
and she swam through the beams and planks
שתי קורות יכולות בקלות לרסק אותה לרסיסים
two beams could easily crush her to pieces
היא צללה עמוק מתחת למים האפלים
she dove deep under the dark waters
הכל עלה וירד עם הגלים
everything rose and fell with the waves
לבסוף, היא הצליחה להגיע לנסיך הצעיר
finally, she managed to reach the young prince
הוא איבד במהירות את הכוח לשחות בים הסוער
he was fast losing the power to swim in the stormy sea
איבריו החלו להכשיל אותו
His limbs were starting to fail him
ועיניו היפות היו עצומות
and his beautiful eyes were closed
הוא היה מת לולא בת הים הקטנה
he would have died had the little mermaid not come
היא החזיקה את ראשו מעל המים

She held his head above the water
והיא הניחה לגלים לשאת אותם לאן שהם רצו
and she let the waves carry them where they wanted

בבוקר פסקה הסערה
In the morning the storm had ceased
אך מהספינה לא ניתן היה לראות ולו שבר אחד
but of the ship not a single fragment could be seen
השמש עלתה, אדומה וזורחת, מתוך המים
The sun came up, red and shining, out of the water
לקורות השמש הייתה השפעה מרפאת על הנסיך
the sun's beams had a healing effect on the prince
גוון הבריאות חזר ללחייו של הנסיך
the hue of health returned to the prince's cheeks
אבל למרות השמש, עיניו נותרו עצומות
but despite the sun, his eyes remained closed
בת הים נישקה את מצחו הגבוה והחלק
The mermaid kissed his high, smooth forehead
והיא ליטפה לאחור את שערו הרטוב
and she stroked back his wet hair
הוא נראה לה כמו פסל השיש בגינה שלה
He seemed to her like the marble statue in her garden
אז היא נישקה אותו שוב, ואיחלה שהוא יחיה
so she kissed him again, and wished that he lived

כעבור זמן קצר, הם באו לעיני אדמה
Presently, they came in sight of land
והיא ראתה הרים כחולים נשגבים באופק
and she saw lofty blue mountains on the horizon
על ראש ההרים נח השלג הלבן
on top of the mountains the white snow rested
כאילו להקת ברבורים שוכבת על ההרים
as if a flock of swans were lying upon the mountains
יערות ירוקים ויפים היו ליד החוף
Beautiful green forests were near the shore
ובסמוך שם עמד בניין גדול
and close by there stood a large building

זה יכול היה להיות כנסייה או מנזר
it could have been a church or a convent

אבל היא עדיין הייתה רחוקה מכדי להיות בטוח
but she was still too far away to be sure

בגינה צמחו עצי תפוז ואתרוג
Orange and citron trees grew in the garden

ולפני הדלת עמדו כפות ידיים גבוהות
and before the door stood lofty palms

הים כאן יצר מפרץ קטן
The sea here formed a little bay

במפרץ המים שכבו שקטים ושקטים
in the bay the water lay quiet and still

אבל למרות שהמים היו דוממים, הם היו עמוקים מאוד
but although the water was still, it was very deep

היא שחתה עם הנסיך החתיך לחוף
She swam with the handsome prince to the beach

החוף היה מכוסה בחול לבן דק
the beach was covered with fine white sand

ועל החול היא הניחה אותו בשמש החמה
and on the sand she laid him in the warm sunshine

היא דאגה להרים את ראשו גבוה יותר מגופו
she took care to raise his head higher than his body

ואז נשמעו פעמונים מהבניין הלבן הגדול
Then bells sounded from the large white building

כמה בנות צעירות נכנסו לגן
some young girls came into the garden

בת הים הקטנה שחתה רחוק יותר מהחוף
The little mermaid swam out farther from the shore

היא הסתתרה בין כמה סלעים גבוהים במים
she hid herself among some high rocks in the water

היא כיסתה את ראשה וצווארה בקצף הים
she covered her head and neck with the foam of the sea

והיא התבוננה לראות מה יהיה עם הנסיך המסכן
and she watched to see what would become of the poor prince

לא עבר זמן רב עד שראתה נערה צעירה מתקרבת
It was not long before she saw a young girl approach

הילדה הצעירה נראתה מפוחדת, בהתחלה

the young girl seemed frightened, at first
אבל הפחד שלה נמשך רק לרגע
but her fear only lasted for a moment
ואז היא הביאה מספר אנשים
then she brought over a number of people
ובת הים ראתה שהנסיך מתעורר שוב לחיים
and the mermaid saw that the prince came to life again
הוא חייך אל אלה שעמדו סביבו
he smiled upon those who stood around him
אבל לבת הים הקטנה הנסיך לא שלח חיוך
But to the little mermaid the prince sent no smile
הוא לא ידע שזו היא שהצילה אותו
he knew not that it was her who had saved him
זה גרם לבת הים הקטנה לצער מאוד
This made the little mermaid very sorrowful
ואז הוא הובל אל הבניין הגדול
and then he was led away into the great building
ובת הים הקטנה צללה למטה למים
and the little mermaid dived down into the water
והיא שבה אל טירת אביה
and she returned to her father's castle

בת הים הקטנה כמהה לעולם העליון
The Little Mermaid Longs for the Upper World

היא תמיד הייתה השקטה והמהורהרת מבין האחיות
She had always been the most silent and thoughtful of the sisters

ועכשיו היא הייתה שקטה ומהורהרת מתמיד
and now she was more silent and thoughtful than ever

אחיותיה שאלו אותה מה היא ראתה בביקורה הראשון
Her sisters asked her what she had seen on her first visit

אבל היא לא יכלה לספר להם דבר על מה שראתה
but she could tell them nothing of what she had seen

הרבה ערב ובוקר היא חזרה אל פני השטח
Many an evening and morning she returned to the surface

ותלך אל המקום אשר עזבה את הנסיך
and she went to the place where she had left the prince

היא ראתה את הפירות בגן מבשילים
She saw the fruits in the garden ripen

והיא התבוננה בפירות שנאספו מעציהם
and she watched the fruits gathered from their trees

היא ראתה את השלג על פסגות ההרים נמס
she watched the snow on the mountain tops melt away

אבל באף אחד מביקוריה לא ראתה שוב את הנסיך
but on none of her visits did she see the prince again

ולפיכך היא תמיד חזרה עצובה יותר מאשר כשעזבה
and therefore she always returned more sorrowful than when she left

הנחמה היחידה שלה הייתה לשבת בגינה הקטנה שלה
her only comfort was sitting in her own little garden

היא הניפה את זרועותיה סביב פסל השיש היפה
she flung her arms around the beautiful marble statue

הפסל שנראה בדיוק כמו הנסיך
the statue which looked just like the prince

היא ויתרה על טיפול בפרחים שלה
She had given up tending to her flowers

וגינתה גדלה בבלבול פראי
and her garden grew in wild confusion

הם כיוונו את העלים והגבעולים הארוכים של הפרחים סביב העצים

they twinied the long leaves and stems of the flowers around the trees

כך שכל הגן נעשה חשוך וקודר

so that the whole garden became dark and gloomy

בסופו של דבר היא לא יכלה לשאת את הכאב יותר

eventually she could bear the pain no longer

והיא סיפרה לאחת מאחיותיה את כל אשר קרה

and she told one of her sisters all that had happened

עד מהרה שמעו האחיות האחרות את הסוד

soon the other sisters heard the secret

ומהר מאוד סודה נודע לכמה משרתות

and very soon her secret became known to several maids

לאחת המשרתות היה חבר שידע על הנסיך

one of the maids had a friend who knew about the prince

היא גם ראתה את הפסטיבל על סיפון הספינה

She had also seen the festival on board the ship

ותאמר להם מאין בא הנסיך

and she told them where the prince came from

ותאמר להם היכן עומד ארמונו

and she told them where his palace stood

"בואי, אחות קטנה", אמרו שאר הנסיכות

"Come, little sister," said the other princesses

הם שילבו את זרועותיהם וקמו יחד

they entwined their arms and rose up together

הם התקרבו למקום שבו עמד ארמון הנסיך

they went near to where the prince's palace stood

הארמון נבנה מאבן בוהקת צהובה-בוהקת

the palace was built of bright-yellow, shining stone

ולארמון היו טיסות ארוכות של מדרגות שיש

and the palace had long flights of marble steps

אחד המדרגות הגיע עד הים

one of the flights of steps reached down to the sea

כיפות מוזהבות נהדרות התרוממו מעל הגג

Splendid gilded cupolas rose over the roof

כל הבניין היה מוקף בעמודים
the whole building was surrounded by pillars
ובין העמודים ניצבו פסלי שיש דמויי חיים
and between the pillars stood lifelike statues of marble
הם יכלו לראות מבעד לקריסטל הצלול של החלונות
they could see through the clear crystal of the windows
והם יכלו להסתכל לתוך חדרי האצילים
and they could look into the noble rooms
וילונות משי יקרים ושטיחי קיר תלויים מהתקרה
costly silk curtains and tapestries hung from the ceiling
והקירות היו מכוסים בציורים יפים
and the walls were covered with beautiful paintings
במרכז הסלון הגדול ביותר הייתה מזרקה
In the centre of the largest salon was a fountain
המזרקה השליכה את מטוסיה הנוצצים גבוה למעלה
the fountain threw its sparkling jets high up
המים ניתזו על כיפת הזכוכית של התקרה
the water splashed onto the glass cupola of the ceiling
והשמש זרחה מבעד למים
and the sun shone in through the water
והמים ניתזו על הצמחים מסביב למזרקה
and the water splashed on the plants around the fountain

כעת ידעה בת הים הקטנה היכן גר הנסיך
Now the little mermaid knew where the prince lived
אז היא בילתה הרבה לילה במים האלה
so she spent many a night in those waters
היא נעשתה אמיצה יותר מכפי שאחיותיה היו
she got more courageous than her sisters had been
והיא שחתה הרבה יותר קרוב לחוף ממה שהיה להם
and she swam much nearer the shore than they had
פעם אחת עלתה בערוץ הצר, מתחת למרפסת השיש
once she went up the narrow channel, under the marble balcony
המרפסת הטילה צל רחב על המים
the balcony threw a broad shadow on the water
כאן היא ישבה והתבוננה בנסיך הצעיר
Here she sat and watched the young prince

הוא ,כמובן ,חשב שהוא לבד באור הירח הבהיר
he, of course, thought he was alone in the bright moonlight

היא ראתה אותו לעתים קרובות בערבים, משייט בסירה יפה
She often saw him in the evenings, sailing in a beautiful boat

מוזיקה נשמעה מהסירה והדגלים התנופפו
music sounded from the boat and the flags waved

היא הציצה מבין הבלאחים הירוקים
She peeped out from among the green rushes

לפעמים הרוח תפסה את הצעיף הלבן-כסף הארוך שלה
at times the wind caught her long silvery-white veil

אלה שראו את הצעיף שלה האמינו שזה ברבור
those who saw her veil believed it to be a swan

לצעיף שלה היה כל מראה של ברבור שפורש את כנפיו
her veil had all the appearance of a swan spreading its wings

גם לילות רבים היא התבוננה בדייגים כורתים את הרשתות שלהם
Many a night, too, she watched the fishermen set their nets

הם משליכים את רשתותיהם לאור הלפידים שלהם
they cast their nets in the light of their torches

והיא שמעה אותם מספרים הרבה דברים טובים על הנסיך
and she heard them tell many good things about the prince

זה שימח אותה שהיא הצילה את חייו
this made her glad that she had saved his life

כאשר הוא הושלך חצי מת על הגלים
when he was tossed around half dead on the waves

היא נזכרה איך ראשו נח על חזה
She remembered how his head had rested on her bosom

והיא זכרה באיזו לב נישקה אותו
and she remembered how heartily she had kissed him

אבל הוא לא ידע דבר מכל מה שקרה
but he knew nothing of all that had happened

הנסיך הצעיר אפילו לא יכול היה לחלום על בת הים הקטנה
the young prince could not even dream of the little mermaid

היא גדלה לאהוב בני אדם יותר ויותר
She grew to like human beings more and more

היא רצתה יותר ויותר להיות מסוגלת לשוטט בעולמם

she wished more and more to be able to wander their world

נראה היה שהעולם שלהם גדול בהרבה משלה

their world seemed to be so much larger than her own

הם יכלו לטוס מעל הים בספינות

They could fly over the sea in ships

והם יכלו לעלות על הגבעות הגבוהות הרחק מעל העננים

and they could mount the high hills far above the clouds

באדמותיהם היו ברשותם יערות ושדות

in their lands they possessed woods and fields

הירק השתרע מעבר לטווח ראייתה

the greenery stretched beyond the reach of her sight

היה כל כך הרבה שהיא רצתה לדעת!

There was so much that she wished to know!

אבל אחיותיה לא היו מסוגלות לענות על כל שאלותיה

but her sisters were unable to answer all her questions

לאחר מכן היא הלכה אל סבתה הזקנה כדי לקבל תשובות

She then went to her old grandmother for answers

סבתה ידעה הכל על העולם העליון

her grandmother knew all about the upper world

היא כינתה את העולם הזה בצדק" הארצות שמעל הים"

she rightly called this world "the lands above the sea"

"אם בני אדם לא יטבעו ,האם הם יכולים לחיות לנצח"?

"If human beings are not drowned, can they live forever?"

"האם הם לעולם לא מתים ,כמו שאנחנו עושים כאן בים"?

"Do they never die, as we do here in the sea?"

"כן ,גם הם מתים ,"ענתה הזקנה

"Yes, they die too," replied the old lady

"כמונו ,גם הם חייבים למות ,"הוסיפה סבתה

"like us, they must also die," added her grandmother

"וחייהם קצרים אפילו יותר משלנו"

"and their lives are even shorter than ours"

"לפעמים אנחנו חיים שלוש מאות שנה"

"We sometimes live for three hundred years"

"אבל כשאנחנו מפסיקים להתקיים כאן אנחנו הופכים לקצף"

"but when we cease to exist here we become foam"

"ואנחנו צפים על פני המים"
"and we float on the surface of the water"

"אין לנו קברים למי שאנחנו אוהבים"
"we do not have graves for those we love"

"ואין לנו נשמות אלמוות"
"and we have not immortal souls"

"אחרי שנמות לעולם לא נחיה שוב"
"after we die we shall never live again"

"כמו האצה הירוקה, ברגע שהיא נכרתה"
"like the green seaweed, once it has been cut off"

"אחרי שנמות, לעולם לא נוכל לפרוח שוב"
"after we die, we can never flourish again"

"לבני אדם, להיפך, יש נשמות"
"Human beings, on the contrary, have souls"

"גם אחרי שהם מתים הנשמות שלהם לחיות לנצח"
"even after they're dead their souls live forever"

"כשאנחנו מתים הגוף שלנו הופך לקצף"
"when we die our bodies turn to foam"

"כשהם מתים גופם הופך לאבק"
"when they die their bodies turn to dust"

"כשאנחנו מתים אנחנו עולים דרך המים הצלולים והכחולים"
"when we die we rise through the clear, blue water"

"כשהם מתים הם עולים דרך האוויר הצלול והטהור"
"when they die they rise up through the clear, pure air"

"כשאנחנו מתים אנחנו לא צפים מעבר לפני השטח"
"when we die we float no further than the surface"

"אבל כשהם מתים הם הולכים מעבר לכוכבים הנוצצים"
"but when they die they go beyond the glittering stars"

"אנחנו עולים מהמים אל פני השטח"
"we rise out of the water to the surface"

"ונראה את כל ארץ הארץ"
"and we behold all the land of the earth"

"הם עולים לאזורים לא ידועים ומפוארים"

"they rise to unknown and glorious regions"

"אזורים מפוארים ולא ידועים שלעולם לא נראה"

"glorious and unknown regions which we shall never see"

בת הים הקטנה התאבלה על חוסר הנשמה שלה

the little mermaid mourned her lack of a soul

"למה אין לנו נשמות אלמוות?" שאלה בת הים הקטנה

"Why have not we immortal souls?" asked the little mermaid

"הייתי נותן בשמחה את כל מאות השנים שיש לי"

"I would gladly give all the hundreds of years that I have"

"הייתי מחליף את הכל כדי להיות בן אדם ליום אחד"

"I would trade it all to be a human being for one day"

"אני לא יכול לדמיין את התקווה לדעת אושר כזה"

"I can not imagine the hope of knowing such happiness"

"האושר של העולם המפואר הזה שמעל הכוכבים"

"the happiness of that glorious world above the stars"

"אסור לך לחשוב כך," אמרה הזקנה

"You must not think that way," said the old woman

"אנחנו מאמינים שאנחנו הרבה יותר מאושרים מבני האדם"

"We believe that we are much happier than the humans"

"ואנחנו מאמינים שאנחנו במצב הרבה יותר טוב מבני אדם"

"and we believe we are much better off than human beings"

"אז אני אמות," אמרה בת הים הקטנה

"So I shall die," said the little mermaid

"בהיותי קצף הים, ארחץ אותי"

"being the foam of the sea, I shall be washed about"

"לעולם לא אשמע שוב את מוזיקת הגלים"

"never again will I hear the music of the waves"

"לעולם לא אראה שוב את הפרחים היפים"

"never again will I see the pretty flowers"

"לא אראה שוב את השמש האדומה"

"nor will I ever again see the red sun"

"האם יש משהו שאני יכול לעשות כדי לזכות בנשמה אלמותית?"

"Is there anything I can do to win an immortal soul?"

"לא", אמרה הזקנה, "אלא אם כן..."
"No," said the old woman, "unless..."

"יש רק דרך אחת להשיג נשמה"
"there is just one way to gain a soul"

"אדם צריך לאהוב אותך יותר ממה שהוא אוהב את אביו ואמו"
"a man has to love you more than he loves his father and mother"

"כל מחשבותיו ואהבתו חייבות להיות מקובעות אליך"
"all his thoughts and love must be fixed upon you"

"הוא חייב להבטיח להיות נאמן לך כאן ומכאן"
"he has to promise to be true to you here and hereafter"

"על הכומר להניח את יד ימינו בידך"
"the priest has to place his right hand in yours"

"אז נשמתו של הגבר שלך הייתה מחליקה לתוך גופך"
"then your man's soul would glide into your body"

"היית מקבל חלק באושר העתידי של האנושות"
"you would get a share in the future happiness of mankind"

"הוא היה נותן לך נשמה וישמור גם על שלו"
"He would give to you a soul and retain his own as well"

"אבל זה בלתי אפשרי שזה יקרה אי פעם"
"but it is impossible for this to ever happen"

"זנב הדג שלך, בינינו, נחשב ליפה"
"Your fish's tail, among us, is considered beautiful"

"אבל עלי אדמות הזנב של הדג שלך נחשב למכוער"
"but on earth your fish's tail is considered ugly"

"בני האדם לא יודעים טוב יותר"
"The humans do not know any better"

"רמת היופי שלהם היא שיש להם שני אביזרים חזקים"
"their standard of beauty is having two stout props"

"לשני האביזרים החזקים האלה הם קוראים הרגליים שלהם"
"these two stout props they call their legs"

בת הים הקטנה נאנחה לנוכח מה שנראה כגורלה
The little mermaid sighed at what appeared to be her destiny
והיא הביטה בצער בזנב הדג שלה

and she looked sorrowfully at her fish's tail

"הבה נהיה מרוצים ממה שיש לנו", אמרה הגברת הזקנה
"Let us be happy with what we have," said the old lady

"הבה נקפוץ ונקפוץ במשך שלוש מאות השנים"
"let us dart and spring about for the three hundred years"

"ושלוש מאות שנה זה באמת די ארוך מספיק"
"and three hundred years really is quite long enough"

"אחרי זה נוכל לנוח על עצמנו טוב יותר"
"After that we can rest ourselves all the better"

"הערב נערוך נשף מגרש"
"This evening we are going to have a court ball"

זה היה אחד מהמראות המרהיבים שלעולם לא נוכל לראות על פני כדור הארץ
It was one of those splendid sights we can never see on earth

נשף המגרש התקיים באולם אירועים גדול
the court ball took place in a large ballroom

הקירות והתקרה היו מקריסטל שקוף עבה
The walls and the ceiling were of thick transparent crystal

מאות רבות של קונכיות ים ענקיות ניצבו בשורות מכל צד
Many hundreds of colossal sea shells stood in rows on each side

חלק מקונכיות הים היו אדומות עמוקות, אחרות היו ירוקות דשא
some of the sea shells were deep red, others were grass green

ובכל אחד מקונכיות הים הייתה אש כחולה
and each of the sea shells had a blue fire in it

השריפות הללו האירו את כל הסלון ואת הרקדנים
These fires lighted up the whole salon and the dancers

וקונכיות הים זרחו מבעד לחומות
and the sea shells shone out through the walls

כך שגם הים היה מואר לאורם
so that the sea was also illuminated by their light

אין ספור דגים, גדולים וקטנים, שחו על פניהם
Innumerable fishes, great and small, swam past

כמה מקשקשי הדגים זוהרו בברק סגול
some of the fishes scales glowed with a purple brilliance

ודגים אחרים זרחו כמו כסף וזהב
and other fishes shone like silver and gold
דרך האולמות זרם נחל רחב
Through the halls flowed a broad stream
ובנחל רקדו בני הים ובנות הים
and in the stream danced the mermen and the mermaids
הם רקדו לצלילי השירה המתוקה שלהם
they danced to the music of their own sweet singing

לאף אחד עלי אדמות אין קולות מקסימים כמוהם
No one on earth has such lovely voices as they
אבל בת הים הקטנה שרה יותר מתוק מהכל
but the little mermaid sang more sweetly than all
כל בית המשפט מחא לה כפיים בידיים ובזנב
The whole court applauded her with hands and tails
ולרגע הלב שלה היה שמח למדי
and for a moment her heart felt quite happy
כי היא ידעה שיש לה את הקול הכי מתוק בים
because she knew she had the sweetest voice in the sea
והיא ידעה שיש לה את הקול הכי מתוק ביבשה
and she knew she had the sweetest voice on land
אבל עד מהרה היא חשבה שוב על העולם שמעליה
But soon she thought again of the world above her
היא לא יכלה לשכוח את הנסיך המקסים
she could not forget the charming prince
זה הזכיר לה שיש לו נשמה אלמותית
it reminded her that he had an immortal soul
והיא לא יכלה לשכוח שאין לה נשמה אלמוות
and she could not forget that she had no immortal soul
היא התגנבה בשקט מארמון אביה
She crept away silently out of her father's palace
הכל בפנים היה מלא בשמחה ובשיר
everything within was full of gladness and song
אבל היא ישבה בגינה הקטנה שלה ,עצובה ובודדה
but she sat in her own little garden, sorrowful and alone
ואז היא שמעה את החבטת נשמעת מבעד למים
Then she heard the bugle sounding through the water
והיא חשבה" ,הוא בהחלט מפליג למעלה"

and she thought, "He is certainly sailing above"

"הוא, הנסיך היפה, שבמרכזו משאלותיי"

"he, the beautiful prince, in whom my wishes centre"

"הוא, שבידיו הייתי רוצה לשים את אושרי"

"he, in whose hands I should like to place my happiness"

"אני אעז הכל בשבילו כדי לזכות בנשמה אלמותית"

"I will venture all for him to win an immortal soul"

"האחיות שלי רוקדות בארמון של אבי"

"my sisters are dancing in my father's palace"

"אבל אני אלך למכשפה הים"

"but I will go to the sea witch"

"מכשפת הים שתמיד כל כך פחדתי ממנה"

"the sea witch of whom I have always been so afraid"

"אבל מכשפת הים יכולה לתת לי עצה ולעזור"

"but the sea witch can give me counsel, and help"

מכשפת הים
The Sea Witch

ואז יצאה בת הים הקטנה מהגינה שלה
Then the little mermaid went out from her garden

והיא לקחה את השביל אל המערבולות המקציפות
and she took the path to the foaming whirlpools

מאחורי המערבולות המקציפות חיה הקוסמת
behind the foaming whirlpools the sorceress lived

בת הים הקטנה מעולם לא הלכה ככה לפני כן
the little mermaid had never gone that way before

לא פרחים ולא דשא צמחו לאן שהיא הלכה
Neither flowers nor grass grew where she was going

לא היה דבר מלבד אדמה חשופה, אפורה וחולית
there was nothing but bare, gray, sandy ground

האדמה העקרה הזו השתרעה עד למערבולת
this barren land stretched out to the whirlpool

המים היו כמו גלגלי טחנה מקציפים
the water was like foaming mill wheels

והמערבולות תפסו את כל מה שהגיע בהישג יד
and the whirlpools seized everything that came within reach

המערבולות השליכו את טרפם לעומק חסר הפשר
the whirlpools cast their prey into the fathomless deep

דרך המערבולות המוחצות האלה היא נאלצה לעבור
Through these crushing whirlpools she had to pass

רק אז היא יכלה להגיע לשליטה של מכשפת הים
only then could she reach the dominions of the sea witch

אחרי זה הגיע קטע של בוץ חם ומבעבע
after this came a stretch of warm, bubbling mire

מכשפת הים קראה לבוץ המבעבע מורדת הדשא שלה
the sea witch called the bubbling mire her turf moor

מעבר לערוץ הדשא שלה היה ביתה של המכשפה
Beyond her turf moor was the witch's house

ביתה עמד במרכזו של יער מוזר
her house stood in the centre of a strange forest

ביער הזה כל העצים והפרחים היו פוליפים
in this forest all the trees and flowers were polypi

אבל הם היו רק חצי צמחים; החצי השני היה בעל חיים
but they were only half plant; the other half was animal
הם נראו כמו נחשים עם מאה ראשים
They looked like serpents with a hundred heads
וכל נחש צמח מן האדמה
and each serpent was growing out of the ground
הענפים שלהם היו זרועות ארוכות ורזים
Their branches were long, slimy arms
והיו להם אצבעות כמו תולעים גמישות
and they had fingers like flexible worms
כל אחד מהאיברים שלהם, מהשורש ועד למעלה, נע
each of their limbs, from the root to the top, moved
כל מה שאפשר היה להגיע אליו בים הם תפסו
All that could be reached in the sea they seized upon
ובמה שהם תפסו הם החזיקו חזק
and what they caught they held on tightly to
כך שמה שהם תפסו מעולם לא נמלט מציפורניהם
so that what they caught never escaped from their clutches

בת הים הקטנה נבהלה ממה שראתה
The little mermaid was alarmed at what she saw
היא עמדה במקום ולבה הלם מפחד
she stood still and her heart beat with fear
היא התקרבה מאוד להסתובב לאחור
She came very close to turning back
אבל היא חשבה על הנסיך היפה
but she thought of the beautiful prince
והיא חשבה על נפש האדם שאליה השתוקקה
and she thought of the human soul for which she longed
עם המחשבות האלה חזר האומץ שלה
with these thoughts her courage returned
היא הידקה את שערה הארוך והגולש סביב ראשה
She fastened her long, flowing hair round her head
כך שהפוליפים לא יכלו לאחוז בשערה
so that the polypi could not grab hold of her hair
והיא שילבה את ידיה על חזה
and she crossed her hands across her bosom
ואז היא זינקה קדימה כמו דג דרך המים

and then she darted forward like a fish through the water
בין הזרועות והאצבעות העדינות של הפוליפי המכוער
between the subtle arms and fingers of the ugly polypi
הפוליפים נמתחו מכל צד שלה
the polypi were stretched out on each side of her
היא ראתה שכולם אוחזים במשהו
She saw that they all held something in their grasp
משהו שהם תפסו בזרועותיהם הקטנות הרבות
something they had seized with their numerous little arms
הם החזיקו שלדים לבנים של בני אדם
they were holding white skeletons of human beings
מלחים שנספו בים בסערות
sailors who had perished at sea in storms
מלחים ששקעו במים העמוקים
sailors who had sunk down into the deep waters
והיו שלדים של חיות יבשה
and there were skeletons of land animals
והיו משוטים, הגאים ותידות של ספינות
and there were oars, rudders, and chests of ships
הייתה אפילו בתולת ים קטנה שהם תפסו
There was even a little mermaid whom they had caught
בת הים המסכנה כנראה נחנקה בידיים
the poor mermaid must have been strangled by the hands
בעיניה זה נראה המזעזע מכולם
to her this seemed the most shocking of all

לבסוף, היא הגיעה למרחב של אדמה ביצות ביער
finally, she came to a space of marshy ground in the woods
כאן היו נחשי מים גדולים ושמנים שהתגלגלו בבוץ
here there were large fat water snakes rolling in the mire
הנחשים הראו את גופם המכוער והאפרורי
the snakes showed their ugly, drab-colored bodies
באמצע המקום הזה עמד בית
In the midst of this spot stood a house
הבית נבנה מעצמותיהם של בני אדם טרופים
the house was built of the bones of shipwrecked human beings
ובבית ישבה מכשפת הים

and in the house sat the sea witch
היא הרשתה לקרפדה לאכול מפיה
she was allowing a toad to eat from her mouth
בדיוק כמו כשאנשים מאכילים כנרית בחתיכות סוכר
just like when people feed a canary with pieces of sugar
היא קראה לנחשי המים המכוערים התרנגולות הקטנות שלה
She called the ugly water snakes her little chickens
והיא אפשרה לתרנגולות הקטנות שלה לזחול עליה
and she allowed her little chickens to crawl all over her

"אני יודעת מה אתה רוצה", אמרה מכשפת הים
"I know what you want," said the sea witch
"זה מאוד טיפשי מצידך לרצות דבר כזה"
"It is very stupid of you to want such a thing"
"אבל תהיה לך הדרך שלך, כמה שהיא מטופשת"
"but you shall have your way, however stupid it is"
"למרות שהמשאלה שלך תביא אותך לצער, נסיכה יפה שלי"
"though your wish will bring you to sorrow, my pretty princess"
"אתה רוצה להיפטר מהזנב של בת הים שלך"
"You want to get rid of your mermaid's tail"
"ואת רוצה שיהיו לך שני גדמים במקום"
"and you want to have two stumps instead"
"זה יגרום לך לחבב את בני האדם עלי אדמות"
"this will make you like the human beings on earth"
"ואז הנסיך הצעיר עלול להתאהב בך"
"and then the young prince might fall in love with you"
"ואז אולי תהיה לך נשמה אלמוות"
"and then you might have an immortal soul"
המכשפה צחקה בקול רם ומגעיל
the witch laughed loud and disgustingly
הקרפדה והנחשים נפלו ארצה
the toad and the snakes fell to the ground
והם שכבו שם מתפתלים על הרצפה
and they lay there wriggling on the floor

"באת אלי בדיוק בזמן", אמרה המכשפה
"You came to me just in time," said the witch
"אחרי הזריחה מחר זה היה מאוחר מדי"
"after sunrise tomorrow it would have been too late"
"אחרי מחר לא הייתי יכול לעזור לך עד סוף שנה נוספת"
"after tomorrow I would not have been able to help you till the end of another year"
"אני אכין לך שיקוי"
"I will prepare a potion for you"
"שחו אל הארץ מחר, לפני הזריחה"
"swim up to the land tomorrow, before sunrise"
"הושב שם ושתה את השיקוי"
"seat yourself there and drink the potion"
"אחרי שתשתה את השיקוי הזנב שלך ייעלם"
"after you drink the potion your tail will disappear"
"ואז יהיו לך מה שגברים מכנים רגליים"
"and then you will have what men call legs"

"כולם יגידו שאת הילדה הכי יפה בעולם"
"all will say you are the prettiest girl in the world"
"אבל בשביל זה תצטרך לסבול כאב גדול"
"but for this you will have to endure great pain"
"זה יהיה כאילו חרב עוברת דרכך"
"it will be as if a sword were passing through you"
"עדיין תהיה לך אותה חינניות של תנועה"
"You will still have the same gracefulness of movement"
"זה יהיה כאילו אתה מרחף על פני האדמה"
"it will be as if you are floating over the ground"
"ושום רקדן לעולם לא ילך בקלילות כמוך"
"and no dancer will ever tread as lightly as you"
"אבל כל צעד שתעשה יגרום לך כאב גדול"
"but every step you take will cause you great pain"
"זה יהיה כאילו אתה דורך על סכינים חדות"

"it will be as if you were treading upon sharp knives"

"אם תסבול את כל הסבל הזה, אני אעזור לך"

"If you bear all this suffering, I will help you"

בת הים הקטנה חשבה על הנסיך

the little mermaid thought of the prince

והיא חשבה על האושר של נשמה אלמוות

and she thought of the happiness of an immortal soul

"כן, אני אעשה זאת," אמרה הנסיכה הקטנה

"Yes, I will," said the little princess

אבל, כפי שאתה יכול לדמיין, קולה רעד מפחד

but, as you can imagine, her voice trembled with fear

"אל תמהרי לזה," אמרה המכשפה

"do not rush into this," said the witch

"ברגע שאתה מעוצב כמו בן אדם, לעולם לא תוכל לחזור"

"once you are shaped like a human, you can never return"

"ולעולם לא תלבש שוב צורה של בתולת ים"

"and you will never again take the form of a mermaid"

"לעולם לא תחזור דרך המים אל אחיותיך"

"You will never return through the water to your sisters"

"אף פעם לא תלך שוב לארמון אביך"

"nor will you ever go to your father's palace again"

"תצטרך לזכות באהבת הנסיך"

"you will have to win the love of the prince"

"הוא חייב להיות מוכן לשכוח את אביו ואת אמו בשבילך"

"he must be willing to forget his father and mother for you"

"והוא חייב לאהוב אותך בכל נשמתו"

"and he must love you with all of his soul"

"על הכומר לשלב את ידיכם יחד"

"the priest must join your hands together"

"והוא חייב לעשות אתכם איש ואישה בזיווג קדוש"

"and he must make you man and wife in holy matrimony"

"רק אז תהיה לך נשמה אלמוות"

"only then will you have an immortal soul"

"אבל אסור לך לאפשר לו להתחתן עם אישה אחרת"
"but you must never allow him to marry another woman"

"בבוקר אחרי שהוא מתחתן עם אישה אחרת, הלב שלך ישבר"
"the morning after he marries another woman, your heart will break"

"ותהפוך לקצף על פסגת הגלים"
"and you will become foam on the crest of the waves"

בת הים הקטנה הפכה חיוורת כמו המוות
the little mermaid became as pale as death

"אני אעשה את זה," אמרה בת הים הקטנה
"I will do it," said the little mermaid

"אבל צריך לשלם לי גם," אמרה המכשפה
"But I must be paid, also," said the witch

"וזה לא של מה בכך שאני מבקש"
"and it is not a trifle that I ask for"

"יש לך את הקול הכי מתוק מכל מי ששוכן כאן"
"You have the sweetest voice of any who dwell here"

"אתה מאמין שאתה יכול להקסים את הנסיך עם הקול שלך"
"you believe that you can charm the prince with your voice"

"אבל את הקול היפה שלך אתה חייב לתת לי"
"But your beautiful voice you must give to me"

"הדבר הכי טוב שיש לך הוא המחיר של השיקוי שלי"
"The best thing you possess is the price of my potion"

"השיקוי חייב להיות מעורב בדם שלי"
"the potion must be mixed with my own blood"

"רק התערובת הזו הופכת את השיקוי לחד כמו חרב פיפיות"
"only this mixture makes the potion as sharp as a two-edged sword"

בת הים הקטנה ניסתה להתנגד לעלות
the little mermaid tried to object to the cost

"אבל אם תיקח לי את הקול..." אמרה בת הים הקטנה
"But if you take away my voice..." said the little mermaid

"אם תיקח את הקול שלי ,מה נשאר לי"?
"if you take away my voice, what is left for me?"
"הצורה היפה שלך" ,הציעה מכשפת הים
"Your beautiful form," suggested the sea witch
"הליכתך החיננית והעיניים האקספרסיביות שלך"
"your graceful walk, and your expressive eyes"
"בוודאי ,עם הדברים האלה אתה יכול לכבול את הלב של גבר"?
"Surely, with these things you can enchain a man's heart?"
"ובכן ,איבדת את האומץ "?שאלה מכשפה הים
"Well, have you lost your courage?" the sea witch asked
"תוציא את הלשון הקטנה שלך כדי שאוכל לחתוך אותה"
"Put out your little tongue, so that I can cut it off"
"אז יהיה לך את השיקוי החזק"
"then you shall have the powerful potion"
"זה יהיה" ,אמרה בת הים הקטנה
"It shall be," said the little mermaid

ואז הניחה המכשפה את הקדירה שלה על האש
Then the witch placed her cauldron on the fire
"ניקיון זה דבר טוב" ,אמרה מכשפת הים
"Cleanliness is a good thing," said the sea witch
היא סרקה את הכלים לאיתור הנחש הנכון
she scoured the vessels for the right snake
כל הנחשים נקשרו יחד בקשר גדול
all the snakes had been tied together in a large knot
ואז היא דקרה לעצמה בחזה
Then she pricked herself in the breast
והיא הניחה לדם השחור לרדת לתוך הקדירה
and she let the black blood drop into the caldron
הקיטור שעלה התפתל לצורות איומות
The steam that rose twisted itself into horrible shapes
אף אדם לא יכול היה להסתכל על הצורות ללא פחד
no person could look at the shapes without fear
בכל רגע זרקה המכשפה מרכיבים חדשים לתוך הכלי
Every moment the witch threw new ingredients into the vessel

לבסוף ,עם הכל בפנים ,הקדירה התחילה לרתוח
finally, with everything inside, the caldron began to boil
היה קול כמו בכי של תנין
there was the sound like the weeping of a crocodile
ולבסוף היה שיקוי הקסם מוכן
and at last the magic potion was ready
למרות מרכיביו ,השיקוי נראה כמו המים הצלולים ביותר
despite its ingredients, the potion looked like the clearest water
"הנה ,הכל בשבילך ",אמרה המכשפה
"There it is, all for you," said the witch
ואז היא חתכה את הלשון של בת הים הקטנה
and then she cut off the little mermaid's tongue
כך שבתולת הים הקטנה לא תוכל שוב לדבר ,וגם לא לשיר שוב
so that the little mermaid could never again speak, nor sing again
"הפוליפ עשוי לנסות לתפוס אותך בדרך החוצה"
"the polypi might try and grab you on the way out"
"אם הם מנסים ,זורקים עליהם כמה טיפות מהשיקוי"
"if they try, throw over them a few drops of the potion"
"ויקרעו אצבעותיהם לאלף חתיכות"
"and their fingers will be torn into a thousand pieces"
אבל לבת הים הקטנה לא היה צורך לעשות זאת
But the little mermaid had no need to do this
הפוליפים חזרו באימה כשראו אותה
the polypi sprang back in terror when they saw her
הם ראו שהיא איבדה את לשונה למכשפת הים
they saw she had lost her tongue to the sea witch
וראו שהיא נושאת את השיקוי
and they saw she was carrying the potion
השיקוי זרח בידה כמו כוכב נוצץ
the potion shone in her hand like a twinkling star

אז היא עברה במהירות דרך היער והביצה
So she passed quickly through the wood and the marsh
והיא עברה בין המערבולות השועטות

and she passed between the rushing whirlpools
עד מהרה היא עשתה את דרכה חזרה לארמון אביה
soon she made her way back to the palace of her father
כל הלפידים באולם נשפים כבו
all the torches in the ballroom were extinguished
כולם בתוך הארמון חייבים עכשיו לישון
all within the palace must now be asleep
אבל היא לא נכנסה לראות אותם
But she did not go inside to see them
היא ידעה שהיא הולכת לעזוב אותם לנצח
she knew she was going to leave them forever
והיא ידעה שלבה ישבר אם תראה אותם
and she knew her heart would break if she saw them
היא נכנסה לגן בפעם האחרונה
she went into the garden one last time
והיא לקחה פרח מכל אחת מאחיותיה
and she took a flower from each one of her sisters
ואז היא קמה דרך המים הכחולים-כהים
and then she rose up through the dark-blue waters

בת הים הקטנה פוגשת את הנסיך
The Little Mermaid Meets the Prince

בת הים הקטנה הגיעה לארמון הנסיך
the little mermaid arrived at the prince's palace
השמש עדיין לא עלתה מהים
the sun had not yet risen from the sea
והירח זרח צלול ובהיר בלילה
and the moon shone clear and bright in the night
בת הים הקטנה ישבה ליד מדרגות השיש היפות
the little mermaid sat at the beautiful marble steps
ואז בת הים הקטנה שתתה את שיקוי הקסם
and then the little mermaid drank the magic potion
היא הרגישה חתך של חרב פיפיות חוצה אותה
she felt the cut of a two-edged sword cut through her
וַתִּתְפַּלֵּל וְשכב כמת
and she fell into a swoon, and lay like one dead
השמש עלתה מהים וזרחה על הארץ
the sun rose from the sea and shone over the land
היא התאוששה וחשה את הכאב מהחתך
she recovered and felt the pain from the cut
אבל לפניה עמד הנסיך הצעיר והנאה
but before her stood the handsome young prince

הוא נעץ את עיניו השחורות כפחם על בת הים הקטנה
He fixed his coal-black eyes upon the little mermaid
הוא הסתכל כל כך ברצינות שהיא השפילה את עיניה
he looked so earnestly that she cast down her eyes
ואז היא הבינה שזנב הדג שלה נעלם
and then she became aware that her fish's tail was gone
היא ראתה שיש לה את זוג הרגליים הלבנות היפות ביותר
she saw that she had the prettiest pair of white legs
והיו לה רגליים זעירות ,כמו לכל עלמה קטנה
and she had tiny feet, as any little maiden would have
אבל לאחר שהגיעה מהים ,לא היו לה בגדים
But, having come from the sea, she had no clothes
אז היא עטפה את עצמה בשערה הארוך והעבה
so she wrapped herself in her long, thick hair

הנסיך שאל אותה מי היא ומאיפה היא באה
The prince asked her who she was and whence she came
היא הביטה בו בעדינות ובצער
She looked at him mildly and sorrowfully
אבל היא נאלצה לענות בעיניה הכחולות העמוקות
but she had to answer with her deep blue eyes
כי בת הים הקטנה לא יכלה לדבר יותר
because the little mermaid could not speak anymore
הוא אחז בידה והוביל אותה לארמון
He took her by the hand and led her to the palace

כל צעד שעשתה היה כפי שהמכשפה אמרה שיהיה
Every step she took was as the witch had said it would be
היא הרגישה כאילו היא דורכת על סכינים חדות
she felt as if she were treading upon sharp knives
עם זאת ,היא נשאה את כאב משאלתה ברצון
She bore the pain of her wish willingly, however
והיא נעה לצדו של הנסיך בקלילות כמו בועה
and she moved at the prince's side as lightly as a bubble
כל מי שראה אותה תמה על תנועותיה החינניות והנדנודות
all who saw her wondered at her graceful, swaying movements
עד מהרה לבשו אותה בגלימות יקרות של משי ומוסלין
She was very soon arrayed in costly robes of silk and muslin
והיא הייתה היצור היפה ביותר בארמון
and she was the most beautiful creature in the palace
אבל היא נראתה מטומטמת ,ולא יכלה לדבר ולא לשיר
but she appeared dumb, and could neither speak nor sing

היו שם עבדים יפים ,לבושות משי וזהב
there were beautiful female slaves, dressed in silk and gold
הם צעדו קדימה ושרו מול משפחת המלוכה
they stepped forward and sang in front of the royal family
כל עבד יכול לשיר טוב יותר מהאחר
each slave could sing better than the next one
והנסיך מחא כפיים וחיך אליה
and the prince clapped his hands and smiled at her
זה היה צער גדול לבת הים הקטנה

This was a great sorrow to the little mermaid
היא ידעה כמה יותר מתוק היא מסוגלת לשיר
she knew how much more sweetly she was able to sing
"לו רק ידע שמסרתי את הקול שלי כדי להיות איתו"!
"if only he knew I have given away my voice to be with him!"

הייתה מוזיקה שהתנגנה על ידי תזמורת
there was music being played by an orchestra
והעבדים ביצעו כמה ריקודים יפים דמויי פיות
and the slaves performed some pretty, fairy-like dances
ואז הרימה בת הים הקטנה את זרועותיה הלבנות והמקסימות
Then the little mermaid raised her lovely white arms
היא עמדה על קצות בהונותיה כמו בלרינה
she stood on the tips of her toes like a ballerina
והיא החליקה על הרצפה כמו ציפור על פני המים
and she glided over the floor like a bird over water
והיא רקדה כפי שאף אחד עדיין לא הצליח לרקוד
and she danced as no one yet had been able to dance
בכל רגע היופי שלה התגלה יותר
At each moment her beauty was more revealed
המושכים מכולם את הלב היו עיניה האקספרסיביות
most appealing of all, to the heart, were her expressive eyes
כולם הוקסמו ממנה, במיוחד הנסיך
Everyone was enchanted by her, especially the prince
הנסיך קרא לה את אצילו הקטן והחירש
the prince called her his deaf little foundling
והיא המשיכה לרקוד בשמחה, לרצות את הנסיך
and she happily continued to dance, to please the prince
אבל עלינו לזכור את הכאב שהיא סבלה להנאתו
but we must remember the pain she endured for his pleasure
כל צעד על הרצפה הרגיש כאילו היא דרכה על סכינים חדות
every step on the floor felt as if she trod on sharp knives

הנסיך אמר שהיא צריכה להישאר איתו תמיד
The prince said she should remain with him always
וניתנה לה רשות לישון ליד דלתו
and she was given permission to sleep at his door
הביאו לה כרית קטיפה לשכב עליה

they brought a velvet cushion for her to lie on

והנסיך הכין לה שמלת עמוד

and the prince had a page's dress made for her

כך היא יכלה ללוות אותו על גב סוס

this way she could accompany him on horseback

הם רכבו יחד דרך היער בעל הריח המתוק

They rode together through the sweet-scented woods

ביער נגעו הענפים הירוקים בכתפיהם

in the woods the green branches touched their shoulders

והציפורים הקטנות שרו בין העלים הטריים

and the little birds sang among the fresh leaves

היא טיפסה איתו לראשי הרים גבוהים

She climbed with him to the tops of high mountains

ולמרות שרגליה הרכות דיממו, היא רק חייכה

and although her tender feet bled, she only smiled

היא הלכה אחריו עד שהעננים היו מתחתיהם

she followed him till the clouds were beneath them

כמו להקת ציפורים שעפה לארצות רחוקות

like a flock of birds flying to distant lands

כשכולם ישנו היא ישבה על מדרגות השיש הרחבות

when all were asleep she sat on the broad marble steps

זה הקל על רגליה הבוערות לרחוץ אותן במים הקרים

it eased her burning feet to bathe them in the cold water

אז היא חשבה על כל אלה בים

It was then that she thought of all those in the sea

פעם אחת, במהלך הלילה, עלו אחיותיה, שלובי זרוע

Once, during the night, her sisters came up, arm in arm

הם שרו בצער כשהם צפו על פני המים

they sang sorrowfully as they floated on the water

היא אותתה להם, והם זיהו אותה

She beckoned to them, and they recognized her

הם סיפרו לה איך צערו את אחותם הצעירה

they told her how they had grieved their youngest sister

לאחר מכן, הם הגיעו לאותו מקום כל לילה

after that, they came to the same place every night

פעם אחת ראתה מרחוק את סבתה הזקנה

Once she saw in the distance her old grandmother
היא לא הייתה על פני הים שנים רבות
she had not been to the surface of the sea for many years
ומלך הים הזקן, אביה, עם כתרו על ראשו
and the old Sea King, her father, with his crown on his head
גם הוא הגיע למקום שבו יכלה לראות אותו
he too came to where she could see him
הם הושיטו את ידיהם לעברה
They stretched out their hands towards her
אבל הן לא התקרבו לארץ כמו אחיותיה
but they did not venture as near the land as her sisters

ככל שחלפו הימים היא אהבה את הנסיך יותר
As the days passed she loved the prince more dearly
והוא אהב אותה כמו שאוהבים ילד קטן
and he loved her as one would love a little child
מעולם לא עלתה בו המחשבה להפוך אותה לאשתו
The thought never came to him to make her his wife
אבל, אלא אם כן יתחתן איתה, משאלתה לעולם לא תתגשם
but, unless he married her, her wish would never come true
אלא אם כן הוא התחתן איתה, היא לא תוכל לקבל נשמה אלמוות
unless he married her she could not receive an immortal soul
ואם יתחתן עם אחר חלומותיה יתנפצו
and if he married another her dreams would shatter
בבוקר שלאחר נישואיו היא תתמוסס
on the morning after his marriage she would dissolve
ובת הים הקטנה תהפוך לקצף הים
and the little mermaid would become the foam of the sea

הנסיך לקח את בת הים הקטנה בזרועותיו
the prince took the little mermaid in his arms
והוא נישק אותה על מצחה
and he kissed her on her forehead
בעיניה ניסתה לשאול אותו
with her eyes she tried to ask him
"אתה לא אוהב אותי יותר מכולם"?
"Do you not love me the most of them all?"

"כן, אתה יקר לי", אמר הנסיך
"Yes, you are dear to me," said the prince

"כי יש לך את הלב הכי טוב"
"because you have the best heart"

"ואתה הכי מסור לי"
"and you are the most devoted to me"

"את כמו עלמה צעירה שראיתי פעם"
"You are like a young maiden whom I once saw"

"אבל לעולם לא אפגוש את העלמה הצעירה הזו שוב"
"but I shall never meet this young maiden again"

"הייתי בספינה שנטרפה"
"I was in a ship that was wrecked"

"והגלים השליכו אותי לחוף ליד מקדש קדוש"
"and the waves cast me ashore near a holy temple"

"במקדש כמה עלמות צעירות ביצעו את השירות"
"at the temple several young maidens performed the service"

"העלמה הצעירה ביותר מצאה אותי על החוף"
"The youngest maiden found me on the shore"

"והצעירה מבין העלמות הצילה את חיי"
"and the youngest of the maidens saved my life"

"ראיתי אותה אבל פעמיים", הוא הסביר
"I saw her but twice," he explained

"והיא היחידה בעולם שיכולתי לאהוב"
"and she is the only one in the world whom I could love"

"אבל אתה כמוה", הוא הרגיע את בת הים הקטנה
"But you are like her," he reassured the little mermaid

"וכמעט הוצאת את דמותה מהמוח שלי"
"and you have almost driven her image from my mind"

"היא שייכת לבית המקדש הקדוש"
"She belongs to the holy temple"

"המזל שלח אותך במקום אותה אליי"
"good fortune has sent you instead of her to me"

"לעולם לא ניפרד", הוא ניחם את בת הים הקטנה

"We will never part," he comforted the little mermaid

אבל בת הים הקטנה לא יכלה שלא להיאנח
but the little mermaid could not help but sigh

"הוא לא יודע שזאת אני שהצלתי את חייו"
"he knows not that it was I who saved his life"

"נשאתי אותו מעל הים למקום שבו עומד המקדש"
"I carried him over the sea to where the temple stands"

"ישבתי מתחת לקצף עד שהאדם בא לעזור לו"
"I sat beneath the foam till the human came to help him"

"ראיתי את העלמה היפה שהוא אוהב"
"I saw the pretty maiden that he loves"

"העלמה היפה שהוא אוהב יותר ממני"
"the pretty maiden that he loves more than me"

בת הים נאנחה עמוקות, אבל היא לא יכלה לבכות
The mermaid sighed deeply, but she could not weep

"הוא אומר שהעלמה שייכת למקדש הקדוש"
"He says the maiden belongs to the holy temple"

"לכן היא לא תחזור לעולם"
"therefore she will never return to the world"

"הם לא ייפגשו יותר", קיוותה בת הים הקטנה
"they will meet no more," the little mermaid hoped

"אני לצידו ורואה אותו כל יום"
"I am by his side and see him every day"

"אני אדאג לו, ואוהב אותו"
"I will take care of him, and love him"

"ואני אוותר על חיי למענו"
"and I will give up my life for his sake"

יום החתונה
The Day of the Wedding

מהר מאוד נאמר שהנסיך עומד להתחתן
Very soon it was said that the prince was going to marry

הייתה בתו היפה של מלך שכן
there was the beautiful daughter of a neighbouring king

נאמר שהיא תהיה אשתו
it was said that she would be his wife

לרגל המאורע הותקנו ספינה משובחת
for the occasion a fine ship was being fitted out

הנסיך אמר שהוא מתכוון רק לבקר את המלך
the prince said he intended only to visit the king

הם חשבו שהוא הולך רק כדי לפגוש את הנסיכה
they thought he was only going so as to meet the princess

בת הים הקטנה חייכה והנידה בראשה
The little mermaid smiled and shook her head

היא הכירה את מחשבותיו של הנסיך טוב יותר מהאחרים
She knew the prince's thoughts better than the others

"אני חייב לנסוע", הוא אמר לה
"I must travel," he had said to her

"אני חייב לראות את הנסיכה היפה הזו"
"I must see this beautiful princess"

"ההורים שלי רוצים שאני אלך לראות אותה"
"My parents want me to go and see her"

"אבל הם לא יחייבו אותי להביא אותה הביתה בתור הכלה שלי"
"but they will not oblige me to bring her home as my bride"

"אתה יודע שאני לא יכול לאהוב אותה"
"you know that I cannot love her"

"כי היא לא כמו העלמה היפה בבית המקדש"
"because she is not like the beautiful maiden in the temple"

"העלמה היפה שאתה דומה לה"
"the beautiful maiden whom you resemble"

"אם הייתי נאלץ לבחור כלה, הייתי בוחר בך"
"If I were forced to choose a bride, I would choose you"

"המוצא החירש שלי, עם העיניים האקספרסיביות האלה"
"my deaf foundling, with those expressive eyes"

ואז הוא נישק את פיה הוורדרד
Then he kissed her rosy mouth

והוא שיחק בשיערה הארוך והנופף
and he played with her long, waving hair

והוא הניח ראשו על לבה
and he laid his head on her heart

היא חלמה על אושר אנושי ונשמה אלמותית
she dreamed of human happiness and an immortal soul

הם עמדו על סיפון הספינה האצילית
they stood on the deck of the noble ship

"אתה לא מפחד מהים, נכון?" הוא אמר
"You are not afraid of the sea, are you?" he said

הספינה הייתה אמורה לשאת אותם לארץ השכנה
the ship was to carry them to the neighbouring country

אחר כך סיפר לה על סערות ועל שקט
Then he told her of storms and of calms

הוא סיפר לה על דגים מוזרים עמוק מתחת למים
he told her of strange fishes deep beneath the water

והוא סיפר לה מה ראו הצוללים שם
and he told her of what the divers had seen there

היא חייכה לתיאורים שלו, מעט משועשעת
She smiled at his descriptions, slightly amused

היא ידעה טוב יותר אילו פלאים יש בקרקעית הים
she knew better what wonders were at the bottom of the sea

בת הים הקטנה ישבה על הסיפון לאור הירח
the little mermaid sat on the deck at moonlight

כולם על הסיפון היו ישנים, מלבד האיש בראשות
all on board were asleep, except the man at the helm

והיא הביטה למטה דרך המים הצלולים
and she gazed down through the clear water

היא חשבה שהיא יכולה להבחין בטירה של אביה
She thought she could distinguish her father's castle

ובטירה היא יכלה לראות את סבתה הקשישה

and in the castle she could see her aged grandmother

ואז אחיותיה יצאו מהגלים

Then her sisters came out of the waves

והם הביטו באחותם באבל

and they gazed at their sister mournfully

היא אותתה לאחיותיה וחייכה

She beckoned to her sisters, and smiled

היא רצתה לספר להם עד כמה היא מאושרת ומצבה טוב

she wanted to tell them how happy and well off she was

אבל נער הבקתה התקרב ואחיותיה צללו למטה

But the cabin boy approached and her sisters dived down

הוא חשב שמה שהוא ראה זה קצף הים

he thought what he saw was the foam of the sea

למחרת בבוקר הספינה נכנסה לנמל

The next morning the ship got into the harbour

הם הגיעו לעיר חוף יפה

they had arrived in a beautiful coastal town

עם הגעתם קיבלו את פניהם פעמוני כנסייה

on their arrival they were greeted by church bells

ומן המגדלים הגבוהים נשמעו פריחת שופרות

and from the high towers sounded a flourish of trumpets

חיילים עמדו על הכבישים שבהם עברו

soldiers lined the roads through which they passed

חיילים, עם צבעוניות עזה וכידונים נוצצים

Soldiers, with flying colors and glittering bayonets

כל יום שהם היו שם היה פסטיבל

Every day that they were there there was a festival

לאירוע אורגנו נשפים ובידור

balls and entertainments were organised for the event

אבל הנסיכה עדיין לא הופיעה

But the princess had not yet made her appearance

היא חונכה והתחנכה בבית דתי

she had been brought up and educated in a religious house

היא למדה כל סגולה מלכותית של נסיכה

she was learning every royal virtue of a princess

לבסוף, הנסיכה הופיעה המלכותית שלה

At last, the princess made her royal appearance
בת הים הקטנה חרדה לראות אותה
The little mermaid was anxious to see her
היא הייתה צריכה לדעת אם היא באמת יפה
she had to know whether she really was beautiful
והיא נאלצה להודות שהיא באמת יפה
and she was obliged to admit she really was beautiful
היא מעולם לא ראתה חזון מושלם יותר של יופי
she had never seen a more perfect vision of beauty
עורה היה בהיר בעדינות
Her skin was delicately fair
ועיניה הכחולות הצחוקות נצצו מתוך אמת וטוהר
and her laughing blue eyes shone with truth and purity
"זה היית אתה", אמר הנסיך
"It was you," said the prince
"הצלת את חיי כששכבתי כאילו מת על החוף"
"you saved my life when I lay as if dead on the beach"
"והוא החזיק את כלתו המסמיקה בזרועותיו"
"and he held his blushing bride in his arms"

"הו, אני יותר מדי שמח!" אמר הוא לבת הים הקטנה
"Oh, I am too happy!" said he to the little mermaid
"תקוותיי הטובות ביותר התגשמו כעת"
"my fondest hopes are now fulfilled"
"אתה תשמח על האושר שלי"
"You will rejoice at my happiness"
"כי מסירותך אלי גדולה וכנה"
"because your devotion to me is great and sincere"
בת הים הקטנה נישקה את ידו של הנסיך
The little mermaid kissed the prince's hand
והיא הרגישה כאילו הלב שלה כבר נשבר
and she felt as if her heart were already broken
בוקר חתונתו עמד להביא לה מוות
the morning of his wedding was going to bring death to her
היא ידעה שהיא תהפוך לקצף הים
she knew she was to become the foam of the sea

צליל פעמוני הכנסייה צלצל בעיר
the sound of the church bells rang through the town
המבשרים רכבו דרך העיר והכריזו על האירוסין
the heralds rode through the town proclaiming the betrothal
שמן מבושם נשרף במנורות כסף על כל מזבח
Perfumed oil was burned in silver lamps on every altar
הכוהנים הניפו את המחתות מעל בני הזוג
The priests waved the censers over the couple
והכלה והחתן חברו ידיהם
and the bride and the bridegroom joined their hands
והם קיבלו את ברכת ההגמון
and they received the blessing of the bishop
בת הים הקטנה הייתה לבושה במשי וזהב
The little mermaid was dressed in silk and gold
היא הרימה את שמלת הכלה, בכאב רב
she held up the bride's dress, in great pain
אבל אוזניה לא שמעו דבר מהמוזיקה החגיגית
but her ears heard nothing of the festive music
ועיניה לא ראו את הטקס הקדוש
and her eyes saw not the holy ceremony
היא חשבה על ליל המוות שהגיע אליה
She thought of the night of death coming to her
והיא התאבלה על כל מה שאיבדה בעולם
and she mourned for all she had lost in the world

באותו ערב עלו הכלה והחתן לאניה
that evening the bride and bridegroom boarded the ship
תותחי הספינה שאגו כדי לחגוג את האירוע
the ship's cannons were roaring to celebrate the event
וכל דגלי הממלכה התנופפו
and all the flags of the kingdom were waving
במרכז הספינה הוקם אוהל
in the centre of the ship a tent had been erected
באוהל היו ספות השינה של הזוג הטרי
in the tent were the sleeping couches for the newlyweds
הרוחות היו נוחות לניווט בים השקט
the winds were favourable for navigating the calm sea

והספינה גלשה בצורה חלקה כמו ציפורי השמים
and the ship glided as smoothly as the birds of the sky

כשהחשיך הודלקו מספר מנורות צבעוניות
When it grew dark, a number of colored lamps were lighted
המלחים ומשפחת המלוכה רקדו בעליצות על הסיפון
the sailors and royal family danced merrily on the deck
בת הים הקטנה לא יכלה שלא לחשוב על יום הולדתה
The little mermaid could not help thinking of her birthday
היום שבו עלתה מהים בפעם הראשונה
the day that she rose out of the sea for the first time
חגיגות משמחות דומות נחגגו באותו יום
similar joyful festivities were celebrated on that day
היא חשבה על הפלא והתקווה שחשה באותו יום
she thought about the wonder and hope she felt that day
עם הזכרונות הנעימים האלה ,גם היא הצטרפה לריקוד
with those pleasant memories, she too joined in the dance
על רגליה הכואבות ,היא התמקמה באוויר
on her paining feet, she poised herself in the air
האופן שבו סנונית מתייצבת כשהיא רודפת אחרי טרף
the way a swallow poises itself when in pursued of prey
המלחים והמשרתים הריעו לה בפלא
the sailors and the servants cheered her wonderingly
היא מעולם לא רקדה בצורה כה חיננית לפני כן
She had never danced so gracefully before
רגליה הרכות הרגישו כאילו נחתכו בסכינים חדות
Her tender feet felt as if cut with sharp knives
אבל היא לא דאגה לכאב הרגליים שלה
but she cared little for the pain of her feet
כאב חד הרבה יותר פילח את לבה
there was a much sharper pain piercing her heart

היא ידעה שזה הערב האחרון שהיא תראה אותו אי פעם
She knew this was the last evening she would ever see him
הנסיך שבשבילו נטשה את משפחתה ואת ביתה
the prince for whom she had forsaken her kindred and home
היא ויתרה על קולה היפה בשבילו
She had given up her beautiful voice for him

ובכל יום היא סבלה עבורו כאב שלא נשמע
and every day she had suffered unheard-of pain for him

היא סבלה מכל זה, בעוד הוא לא ידע דבר על כאבה
she suffered all this, while he knew nothing of her pain

זה היה הערב האחרון שהיא תנשום את אותו האוויר כמוהו
it was the last evening she would breath the same air as him

זה היה הערב האחרון שבו היא תביט באותם שמים זרועי כוכבים
it was the last evening she would gaze on the same starry sky

זה היה הערב האחרון שבו תביט אל הים העמוק
it was the last evening she would gaze into the deep sea

זה היה הערב האחרון שבו תביט אל הלילה הנצחי
it was the last evening she would gaze into the eternal night

לילה נצחי ללא מחשבות או חלומות חיכה לה
an eternal night without thoughts or dreams awaited her

היא נולדה בלי נשמה, ועכשיו היא לעולם לא תוכל לזכות בנשמה
She was born without a soul, and now she could never win one

הכל היה שמחה ועליצות על הספינה עד הרבה אחרי חצות
All was joy and gaiety on the ship until long after midnight

היא חייכה ורקדה עם האחרים על ספינת המלוכה
She smiled and danced with the others on the royal ship

אבל היא רקדה בזמן שהמחשבה על המוות הייתה בלבה
but she danced while the thought of death was in her heart

היא נאלצה לראות את הנסיך רוקד עם הנסיכה
she had to watch the prince dance with the princess

היא נאלצה לצפות כשהנסיך נישק את כלתו היפה
she had to watch when the prince kissed his beautiful bride

היא נאלצה לראות אותה משחקת בשיער העורב של הנסיך
she had to watch her play with the prince's raven hair

והיא נאלצה לראות אותם נכנסים לאוהל, שלובי זרוע
and she had to watch them enter the tent, arm in arm

אחרי החתונה
After the Wedding

לאחר שהלכו כולם הפכו דוממים על סיפון הספינה
After they had gone all became still on board the ship

רק הטייס, שעמד בראש ההגה, עדיין היה ער
only the pilot, who stood at the helm, was still awake

בת הים הקטנה נשענה על קצה הכלי
The little mermaid leaned on the edge of the vessel

היא הביטה לכיוון מזרח לאודם הראשון של הבוקר
she looked towards the east for the first blush of morning

קרן השחר הראשונה, שעתידה להיות מותה
the first ray of the dawn, which was to be her death

מרחוק ראתה את אחיותיה עולות מהים
from far away she saw her sisters rising out of the sea

הם היו חיוורים מפחד כמוה
They were as pale with fear as she was

אבל השיער היפה שלהם כבר לא התנופף ברוח
but their beautiful hair no longer waved in the wind

"מסרנו את שערנו למכשפה," אמרו
"We have given our hair to the witch," said they

"כדי שלא תצטרך למות הלילה"
"so that you do not have to die tonight"

"לשיער שלנו השגנו את הסכין הזו"
"for our hair we have obtained this knife"

"לפני שהשמש תזרח אתה חייב להשתמש בסכין הזה"
"Before the sun rises you must use this knife"

"עליך לטבול את הסכין בלב הנסיך"
"you must plunge the knife into the heart of the prince"

"דמו החם של הנסיך חייב ליפול על רגליך"
"the warm blood of the prince must fall upon your feet"

"ואז הרגליים שלך יצמחו יחד שוב"
"and then your feet will grow together again"

"במקום שיש לך רגליים יהיה לך שוב זנב של דג"
"where you have legs you will have a fish's tail again"

"והיכן שהיית אנושי תהיי שוב בתולת ים"
"and where you were human you will once more be a mermaid"
"אז אתה יכול לחזור לגור איתנו ,מתחת לים"
"then you can return to live with us, under the sea"
"ותינתן לך שלוש מאות שנות בתולת הים שלך"
"and you will be given your three hundred years of a mermaid"
"ורק אז תהפוך לקצף הים המלוח"
"and only then will you be changed into the salty sea foam"
"מהר ,אם כן ;או שהוא או אתה חייבים למות לפני הזריחה"
"Haste, then; either he or you must die before sunrise"
"סבתא הזקנה שלנו אבלה עליך יום ולילה"
"our old grandmother mourns for you day and night"
"השיער הלבן שלה נושר"
"her white hair is falling out"
"בדיוק כשהשיער שלנו נפל מתחת למספריים של המכשפה"
"just as our hair fell under the witch's scissors"
"תהרוג את הנסיך ,ותחזור ,"הם התחננו בפניה
"Kill the prince, and come back," they begged her
"אתה לא רואה את הפסים האדומים הראשונים בשמים"?
"Do you not see the first red streaks in the sky?"
"תוך כמה דקות השמש תזרח ,ואתה תמות"
"In a few minutes the sun will rise, and you will die"
לאחר שעשו כמיטב יכולתן ,אחיותיה נאנחו עמוקות
having done their best, her sisters sighed deeply
באבל אחיותיה שקעו לאחור מתחת לגלים
mournfully her sisters sank back beneath the waves
ובת הים הקטנה נשארה עם הסכין בידיה
and the little mermaid was left with the knife in her hands

היא הסיטה לאחור את הווילון הארגמן של האוהל
she drew back the crimson curtain of the tent
ובאוהל ראתה את הכלה היפה
and in the tent she saw the beautiful bride

פניה נחו על חזהו של הנסיך
her face was resting on the prince's breast

ואז בת הים הקטנה הביטה בשמים
and then the little mermaid looked at the sky

באופק השחר הוורוד הפך בהיר יותר ויותר
on the horizon the rosy dawn grew brighter and brighter

היא הציצה בסכין החדה שבידיה
She glanced at the sharp knife in her hands

ושוב נתנה את עיניה בנסיך
and again she fixed her eyes on the prince

היא התכופפה ונשקה למצחו האצילי
She bent down and kissed his noble brow

הוא לחש את שם כלתו בחלומותיו
he whispered the name of his bride in his dreams

הוא חלם על הנסיכה שהתחתן איתו
he was dreaming of the princess he had married

הסכין רעדה בידה של בת הים הקטנה
the knife trembled in the hand of the little mermaid

אבל היא השליכה את הסכין רחוק אל הים
but she flung the knife far into the sea

במקום שבו נפלה הסכין המים הפכו לאדומים
where the knife fell the water turned red

הטיפות שזלגו למעלה נראו כמו דם
the drops that spurted up looked like blood

היא העיפה מבט אחרון על הנסיך שאהבה
She cast one last look upon the prince she loved

השמש פילחה את השמים בחיצי הזהב שלה
the sun pierced the sky with its golden arrows

והיא השליכה עצמה מהספינה אל הים
and she threw herself from the ship into the sea

בת הים הקטנה הרגישה את גופה מתמוסס לקצף
the little mermaid felt her body dissolving into foam

וכל מה שעלה לפני השטח היו בועות אוויר
and all that rose to the surface were bubbles of air

קרני השמש החמות נפלו על הקצף הקר
the sun's warm rays fell upon the cold foam

אבל היא לא הרגישה כאילו היא גוססת
but she did not feel as if she were dying

באופן מוזר היא הרגישה את חמימות השמש הבהירה
in a strange way she felt the warmth of the bright sun
היא ראתה מאות יצורים שקופים ויפים
she saw hundreds of beautiful transparent creatures
היצורים צפו מסביב לה
the creatures were floating all around her
מבעד ליצורים היא יכלה לראות את המפרשים הלבנים של הספינות
through the creatures she could see the white sails of the ships
ובין מפרשי הספינות ראתה את העננים האדומים בשמים
and between the sails of the ships she saw the red clouds in the sky
הנאום שלהם היה מתנגן וילדותי
Their speech was melodious and childlike
אבל דיבורם לא יכול היה להישמע באוזני בני תמותה
but their speech could not be heard by mortal ears
וגם לא ניתן היה לראות את גופם בעיני בני תמותה
nor could their bodies be seen by mortal eyes
בת הים הקטנה קלטה שהיא דומה להם
The little mermaid perceived that she was like them
והיא הרגישה שהיא עולה למעלה ויותר
and she felt that she was rising higher and higher

"איפה אני "?שאלה היא ,וקולה נשמע אוורירי
"Where am I?" asked she, and her voice sounded ethereal
אין מוזיקה ארצית שיכולה לחקות אותה
there is no earthly music that could imitate her
"אתה בין בנות השמים ,"ענתה אחת מהן
"you are among the daughters of the air," answered one of them

"לבת ים אין נשמה אלמוות"
"A mermaid has not an immortal soul"
"גם בתולות ים לא יכולות להשיג נשמות אלמוות"
"nor can mermaids obtain immortal souls"
"אלא אם כן היא תזכה באהבת אדם"
"unless she wins the love of a human being"
"ברצונו של אחר תלוי גורלה הנצחי"
"on the will of another hangs her eternal destiny"

"כמוך, גם לנו אין נשמות אלמוות"
"like you, we do not have immortal souls either"

"אבל אנחנו יכולים להשיג נשמה אלמותית על ידי מעשינו"
"but we can obtain an immortal soul by our deeds"

"אנחנו טסים למדינות חמות ומצננים את האוויר הלוהט"
"We fly to warm countries and cool the sultry air"

"החום שהורס את האנושות במגפה"
"the heat that destroys mankind with pestilence"

"אנחנו נושאים את הבושם של הפרחים"
"We carry the perfume of the flowers"

"ואנחנו מפיצים בריאות ושיקום"
"and we spread health and restoration"

"במשך שלוש מאות שנה אנחנו מטיילים ככה בעולם"
"for three hundred years we travel the world like this"

"בזמן הזה אנו שואפים לעשות את כל הטוב שבכוחנו"
"in that time we strive to do all the good in our power"

"אם נצליח נקבל נשמה אלמוות"
"if we succeed we receive an immortal soul"

"ואז גם אנחנו לוקחים חלק באושר של האנושות"
"and then we too take part in the happiness of mankind"

"את, בת הים הקטנה והמסכנה, עשית כמיטב יכולתך"
"You, poor little mermaid, have done your best"

"ניסית בכל ליבך לעשות כמונו"
"you have tried with your whole heart to do as we are doing"

"סבלת וסבלת כאב עצום"
"You have suffered and endured an enormous pain"

"במעשיך הטובים העלית את עצמך לעולם הרוחות"
"by your good deeds you raised yourself to the spirit world"

"ועתה תחיו לצידנו שלוש מאות שנה"
"and now you will live alongside us for three hundred years"

"בשאיפה כמונו, תוכל להשיג נשמה אלמוות"
"by striving like us, you may obtain an immortal soul"

בת הים הקטנה הרימה את עיניה המהוללות לעבר השמש
The little mermaid lifted her glorified eyes toward the sun
בפעם הראשונה היא הרגישה את עיניה מתמלאות בדמעות
for the first time, she felt her eyes filling with tears

על הספינה שעזבה היו חיים ורעש
On the ship she had left there was life and noise
היא ראתה את הנסיך וכלתו היפה מחפשים אחריה
she saw the prince and his beautiful bride searching for her
בצער, הם הביטו בקצף הפניני
Sorrowfully, they gazed at the pearly foam
כאילו ידעו שהיא השליכה את עצמה אל הגלים
it was as if they knew she had thrown herself into the waves
בלי לראות, היא נישקה את מצחה של הכלה
Unseen, she kissed the forehead of the bride
ואז היא קמה עם שאר ילדי האוויר
and then she rose with the other children of the air
יחד הם הלכו לענן ורוד שריחף מעל
together they went to a rosy cloud that floated above

"אחרי שלוש מאות שנה, "התחיל אחד מהם להסביר
"After three hundred years," one of them started explaining
"אז נרחף אל מלכות השמים", אמרה
"then we shall float into the kingdom of heaven," said she
"ואולי אפילו נגיע לשם מוקדם יותר", לחש בן לוויה
"And we may even get there sooner," whispered a companion
"בלתי נראים נוכל להיכנס לבתים שבהם יש ילדים"
"Unseen we can enter the houses where there are children"
"בחלק מהבתים אנחנו מוצאים ילדים טובים"
"in some of the houses we find good children"
"הילדים האלה הם השמחה של הוריהם"
"these children are the joy of their parents"
"ולילדים האלה מגיע אהבת הוריהם"
"and these children deserve the love of their parents"
"ילדים כאלה מקצרים את זמן המאסר שלנו"

"such children shorten the time of our probation"

"הילד לא יודע מתי אנחנו טסים בחדר"

"The child does not know when we fly through the room"

"והם לא יודעים שאנחנו מחייכים בשמחה על התנהלותם הטובה"

"and they don't know that we smile with joy at their good conduct"

"כי אז השיפוט שלנו יבוא יום אחד מוקדם יותר"

"because then our judgement comes one day sooner"

"אבל אנחנו רואים גם ילדים שובבים ורשעים"

"But we see naughty and wicked children too"

"כשאנחנו רואים ילדים כאלה אנחנו מזילות דמעות של צער"

"when we see such children we shed tears of sorrow"

"ועל כל דמעה שאנו מזילים מתווסף יום לזמננו"

"and for every tear we shed a day is added to our time"

www.ingramcontent.com/pod-product-compliance
Lightning Source LLC
Chambersburg PA
CBHW012008090526
44590CB00026B/3933